# ANIMALES
## BAJO LA LUPA

DESCUBRE LAS CASAS DE LOS ANIMALES CON LA LUPA MÁGICA

Por **Jane Wilsher**
Ilustraciones de **Laurie Avon**

Asesora: **Barbara Taylor**
Traducción de **Margarita Arroyo**

sm

**fundación sm**

**La Fundación SM destina los beneficios
de las empresas SM a programas culturales
y educativos, con especial atención a los
colectivos más desfavorecidos.**

Si quieres saber más sobre los programas
de la Fundación SM, entra en
**www.fundacion-sm.org**

LITERATURA**SM**•COM

Primera edición: septiembre de 2025

Dirección editorial: Berta Márquez
Edición ejecutiva: Patrycja Jurkowska
Coordinación editorial: Alejandra González

Texto: Jane Wilsher
Ilustraciones: Laurie Avon

Título original: *Marvellous Animal Homes*
Publicado por acuerdo con IMC Literary Agency.

© del texto: What on Earth Publishing Ltd, 2025
© de las ilustraciones: Laurie Avon, 2025
© de la traducción del inglés: Margarita Arroyo, 2025
© Ediciones SM, 2025
    Impresores, 2
    Parque Empresarial Prado del Espino
    28660 Boadilla del Monte (Madrid)
    www.grupo-sm.com

ISBN: 978-84-1182-903-8
Depósito legal: M-3475-2025
Impreso en China / *Printed in China*

MIXTO
Papel | Apoyando la
silvicultura responsable
FSC® C188448

# QUÉ CONTIENE ESTE LIBRO

# CÓMO USAR LA LUPA MÁGICA

Este libro incluye un invento increíble: ¡una lupa mágica que revela lo que sucede dentro de los nidos, cubiles, colmenas, madrigueras y demás moradas de los animales!

Siempre que veas en el libro un moteado o una trama roja, pasa la lupa por esa zona para descubrir lo que oculta. ¿Qué tal si la pruebas en el nido de pájaro que hay abajo?

¿Eres capaz de ver los huevos dentro del nido? Prueba a pasar la lupa mágica en todas las ilustraciones del libro.

Cuando encuentres el icono de la lupa mágica, emplea la lupa para mirar las partes de la página que tienen tramas rojas y descubrir qué hay en el interior de los hogares de los animales.

Cuando veas el símbolo del ojo, intenta encontrar todas las cosas que se enumeran. Algunas podrás verlas en las ilustraciones, pero otras están ocultas... ¡Vas a necesitar la lupa mágica para ver lo que hay escondido!

# HOGAR, DULCE HOGAR

**¿Qué hacen los animales en el interior de sus moradas?**

Los animales comen, duermen y se mantienen a resguardo en sus hogares, igual que tú.

El hogar de un animal puede ser tan minúsculo como el nido de un colibrí, o tan enorme como el cubil de un oso. Los caracoles nacen con una concha en la espalda, que también es su refugio. Los elefantes no tienen un hogar establecido, sino que vagan a lo ancho de los vastos territorios donde habitan. Los distintos animales crean hogares muy diferentes.

**¿Por qué construyen refugios los animales?**

Los refugios son lugares que se mantienen secos y calientes, o frescos, según sea la temperatura en el exterior.

La casa de un animal también puede ser un lugar seguro donde poner los huevos, cuidar de las crías y protegerse del peligro. Muchos animales invierten una gran cantidad de tiempo intentando que los depredadores no los devoren. Los zorros cazan aves para alimentarse, pero las aves se mantienen a salvo en el interior de su hogar: el agujero de un árbol.

Una **presa** es el animal que caza el depredador.

Un **depredador** es un animal que caza otros animales para alimentarse.

**¿Qué tipos de refugio hacen los distintos animales?**

El colibrí construye **nidos**.

El oso negro usa una cueva como **osera**.

Los caracoles producen una **concha** dura.

Los elefantes **merodean de un lado a otro**.

El lagarto se refugia en el interior de un **tronco hueco**.

Juntas, una multitud de abejas construyen una **colmena**.

El conejo cava una **madriguera bajo tierra**.

El pez escorpión **se oculta bajo la arena**.

## ¿Cómo construyen sus refugios los animales?

La naturaleza proporciona a los animales toda clase de materiales de construcción para que hagan sus refugios: hierbas, ramitas, piedras, arena, barro, plumas, pelo, huesos, saliva y excrementos.

Los animales tienen diversas maneras de construir sus hogares. Algunos emplean las garras y uñas, otros usan el pico para cavar, escarbar, raspar, picar y entretejer.

### MIRA EN EL INTERIOR

Descubre dónde ponen huevos algunos animales, dónde cuidan de sus crías y dónde se protegen de los depredadores.

## ¿En qué partes del mundo viven los animales?

Los animales viven en todas partes, desde las heladas tierras polares hasta los desiertos ardientes. Nuestro planeta proporciona a los animales distintos tipos de lugares donde vivir, llamados hábitat.

Los pingüinos emperador viven en la heladora **Antártida**.

El pájaro carpintero del desierto anida en los saguaros del ardiente **desierto mexicano**.

# LA TUNDRA NEVADA

**¿Cómo construyen los animales del Ártico un refugio cálido en medio del frío?**

Cae la nieve y unos vientos feroces azotan esta tierra helada, que llamamos tundra polar. Muchos animales construyen sus refugios bajo una alfombra de nieve o se guarecen del viento.

Durante la primavera, los animales de todas las clases salen de sus madrigueras nevadas. El clima es más cálido, los días más largos y unos pocos brotes comienzan a asomar. Es el momento de buscar alimento y hacer nidos para las nuevas crías.

**1** En la ladera, el **zorro ártico** se protege del viento en un hoyo, o madriguera, y enrosca la cola sobre su cuerpo para mantener el calor. Su pelaje cambia de color para camuflarse en su hogar ártico: durante el invierno, su pelaje es blanco como la nieve, y en primavera es moteado, como la rocosa tundra.

## ¡ENCUÉNTRALOS!

¿Eres capaz de encontrar todos los animales de esta lista? ¡Necesitarás la lupa mágica para descubrir algunos de ellos!

**1** Zorro ártico
**2** Liebre ártica
**3** Lemmings
**4** Eider común
**5** Glotón
**6** Búho nival
**7** Oseznos de oso polar
**8** Suslic ártico

**2** Una hembra de **liebre ártica** cubre su refugio en la roca con musgo y pelo para hacer una cama confortable. Pronto parirá una camada de hasta ocho pequeñas crías de liebre, llamadas lebratos.

## MIRA EN EL INTERIOR

Busca a los animales del Ártico dentro de sus madrigueras, nidos y oseras.

**3** A lo largo de todo el invierno, el grupo de **lemmings** se apiña en una madriguera con túneles. Sobre ella, una capa de nieve conserva el calor dentro del refugio. Los lemmings comen las raíces que crecen bajo la superficie. Durante la primavera, salen al exterior para alimentarse de brotes y hojas frescas.

**5** Una hembra de **glotón** se aleja de su madriguera cubierta de nieve, bajo una pila de grandes rocas. Ha parido dos crías y ahora está hambrienta. Sus grandes garras de largas uñas y sus afilados dientes le sirven para cazar liebres y suslics en las llanuras nevadas. Al regresar a la madriguera, llevará consigo parte del alimento, y enterrará otra porción para comerla más tarde.

**4** Una pareja de **eider común** vuela sobre la tundra, buscando un lugar seguro, fuera de la vista de los depredadores, para construir su nido. La hembra lo cubre con el suave plumón de su pecho para dar calor a sus polluelos recién nacidos.

**6** Una pareja de **búhos nivales** construye un nido sobre el frío suelo, al abrigo del viento para que no sople la nieve sobre él. La hembra se frota contra las rocas y presiona su cuerpo sobre el nido para añadir una capa de plumas. Después, empolla los huevos.

**7 ¿Dónde nacen los osos polares?**

En pleno invierno ártico, los oseznos de **oso polar** nacen dentro de una osera, cómoda y protegida. En el exterior, el frío es helador. Los recién nacidos, cubiertos solo por una capa de fino pelaje, son minúsculos, ciegos y carecen de dientes, pero la guarida es cálida y segura. Su madre los alimentará hasta la primavera, cuando serán lo suficientemente grandes y fuertes para salir al exterior en busca de comida.

**8** Un **suslic** asoma de su madriguera subterránea, donde ha dormido todo el invierno. De inmediato, comienza a prepararse para hibernar el próximo invierno, cebándose con los frutos y vegetales que hay en primavera.

# LA OSERA DEL OSO GRIZZLY

**¿Cuándo construye el oso grizzly su abrigada osera?**

Durante el verano, este oso merodea por los bosques de pinos de América del Norte, buscando bayas, raíces y hierbas para alimentarse. Pesca en el río y descansa en la sombra. A menudo permanece despierto toda la noche: el bosque es cálido y seco y el oso no necesita una guarida donde descansar.

Cuando llega el otoño, el oso empieza a construir la osera para que esté lista para su largo sueño invernal, que puede durar hasta siete meses.

❸ En otoño, el clima se vuelve más frío... y comienza a **nevar**. Los grizzly construyen la osera en alguna ladera blanda o algún hueco bajo un árbol.

❶ Durante el verano, el **oso grizzly** come frutos y bayas, preparándose así para la hibernación. Olfatea las raíces y después escarba el suelo con sus largas uñas para extraerlas.

❹ Para mantener el calor, el oso cubre la osera con ramas.

❷ El verano es la época del año en la que los **salmones** remontan los ríos desde el mar para poner sus huevos. Entonces, los osos grizzly, que son animales solitarios, se reúnen en torno a los ríos para atrapar a estos grandes peces y devorarlos.

Verano

Otoño

**5** Durante el invierno, una gruesa capa de nieve cubre la osera. El **oso**, dormido, está en su interior. Su latido cardiaco y su respiración se ralentizan.

### 👁 ¡ENCUÉNTRALOS!

¿Eres capaz de encontrar todo lo que hay en esta lista? ¡Necesitarás la lupa mágica para descubrir algunas cosas!

1. Oso grizzly
2. Salmón
3. Nieve
4. Osera
5. Oso hibernando
6. Oseznos
7. Familia de osos

**7** En primavera, la nieve se derrite y la familia de osos despierta y abandona la osera. Los oseznos son fuertes y están saludables. Vivirán con su madre hasta los tres años, cuando estarán listos para cuidar de sí mismos y construir sus propias guaridas.

**6** En esta época, la hembra de oso grizzly despierta y pare a una pareja de **oseznos,** cada uno del tamaño de una taza de café. No tienen dientes y durante los primeros días están ciegos. La madre los alimenta con su leche, rica en grasas, y todos ellos vuelven a dormirse.

### MIRA EN EL INTERIOR

Descubre lo que hay dentro de la osera.

Invierno

Primavera

# ALTA MONTAÑA

¿Cómo construyen los animales sus hogares en el Himalaya, la cordillera de mayor altitud del mundo?

Cada clase de animal de montaña tiene su propia forma de encontrar refugio y mantenerse a salvo. Por ejemplo, el quebrantahuesos construye su nido en un pico a gran altitud. Un poco más abajo, el leopardo de las nieves crea su refugio en un saliente. En cambio, una marmota excava su madriguera en el interior de la ladera.

**❶ El quebrantahuesos,** desde su nido recubierto de pelo y pieles de animales muertos, vigila las sobras de la comida de una manada de lobos. Este buitre se llama así porque recoge los huesos de animales muertos con el pico y, entonces, vuela a gran altura y, entonces, los deja caer. Así, los huesos se quiebran, permitiéndole comer la médula que hay en su interior, que es muy nutritiva.

**❷ El leopardo de las nieves** hace su guarida sobre un terreno elevado, para poder divisar las presas de las que alimentarse. Cuando caza, su grueso pelaje moteado le proporciona abrigo y camuflaje. Además, la larga cola le ayuda a mantener el equilibrio al esprintar sobre el terreno nevado con sus grandes garras adaptadas a la nieve.

**❸ La cabra del Himalaya** tiene mucho equilibrio, lo que le permite trepar por los riscos para ponerse a salvo de los depredadores. Además, salta barrancos y precipicios y se posa sobre abruptos acantilados. Se sujeta firmemente con sus pezuñas, unos cascos que poseen unas almohadillas con una gran capacidad de sujeción.

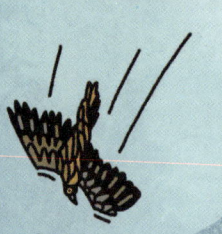

## ¡ENCUÉNTRALOS!

¿Eres capaz de encontrar todos los animales de esta lista? ¡Necesitarás la lupa mágica para descubrir algunos de ellos!

❶ Quebrantahuesos
❷ Leopardo de las nieves
❸ Cabra montesa del Himalaya
❹ Ciervo almizclero
❺ Abeja melífera del Himalaya
❻ Panda rojo
❼ Víbora del Himalaya
❽ Marmota

## MIRA EN EL INTERIOR

¿En qué lugares de la montaña permanecen los animales seguros y calientes?

**4** El **ciervo almizclero** vive en las laderas boscosas de la montaña, donde puede esconderse de sus enemigos. Su pelaje parece corto, pero es grueso y cálido, provisto de pelos que retienen el calor del cuerpo.

**5** La **abeja melífera del Himalaya** es rara, porque es inusual que estos insectos vivan a tanta altura. Esta abeja liba las flores del rododendro, en las laderas que hay a menor altura, pero construye la colmena bajo algún repecho en la parte alta de la montaña.

### Panda rojo

**6** Un tupido bosque de bambú crece al este del Himalaya. Aquí, una hembra de **panda rojo** vive sola. Va a ser madre, y cubre un tronco hueco con musgo y hierba. Está lista para parir hasta cuatro cachorros. Para mantener a sus crías a salvo de los depredadores, irá mudándose de árbol en árbol, transportando a cada cachorro en la boca con delicadeza.

**7** La **víbora del Himalaya** rompe récords. Es la serpiente que vive a mayor altitud del mundo. Durante el día duerme debajo de rocas, piedras u hojas. Por la noche, en cambio, se pone en movimiento para cazar milpiés y ratones.

**8** Las **marmotas** viven en madrigueras que se heredan de familia en familia. Unos largos túneles conducen hasta el cubil, donde el clan al completo duerme hasta la primavera.

# EL CAMPAMENTO DEL GORILA DE MONTAÑA

### ¿Con qué frecuencia hace su cama el gorila?

Cada día, los gorilas de montaña buscan un nuevo lugar para establecer su campamento, y cada noche, todos los adultos hacen una nueva cama o nido.

Estos primates viven en los bosques tropicales del este de África central. Forman grupos llamados manadas o harenes, y merodean por el bosque buscando plantas frescas para alimentarse.

**1** Está amaneciendo, y eso significa que es la hora del desayuno. Una manada de gorilas de montaña despierta en su campamento. Están rodeados de vegetales con los que alimentarse, como brotes, hojas, bayas, frutos o corteza de árbol.

**2** El macho de mayor edad es el jefe, y recibe el nombre de **«espalda plateada»** porque tiene pelo blanco en el lomo. Cada mañana, decide cuándo emprenden la marcha para buscar un nuevo campamento.

### 👁 MIRA MÁS DE CERCA

¿Eres capaz de encontrar todo lo que hay en esta lista? ¡Necesitarás la lupa mágica para descubrir algunas cosas!

**1** Amanecer
**2** Espalda plateada
**3** Pulgar oponible
**4** Nido diurno
**5** Nido nocturno
**6** Nido en un árbol
**7** Cría de gorila

### Un pulgar para agarrar

**3** Los gorilas se parecen a los humanos en que, al igual que nosotros, poseen un pulgar oponible capaz de moverse para hacer sujeción. Con las manos y los dedos, los primates recogen plantas para alimentarse. También las emplean para hacer el nido.

**4** Los gorilas de montaña han encontrado un claro donde crecen sus plantas favoritas: el bambú y el apio silvestre. De inmediato, los adultos comienzan a construir un nido diurno, donde dormirán la mayor parte de la tarde. Un gorila tarda unos cinco minutos en construir el nido con capas de ramas y hojas suaves.

**5** Cuando el sol empieza a ponerse, es hora de ir a dormir. Antes de que oscurezca, cada gorila adulto construye un nido para pasar la noche. Primero, el gorila busca alguna oquedad en el suelo, y después coloca capas de ramas y hojas para fabricar un suave colchón circular. Es algo así como un saco de dormir hecho de plantas blandas.

**MIRA EN EL INTERIOR**

Descubre el lugar del bosque donde los gorilas de montaña hacen los nidos.

**6** Algunas hembras duermen en nidos situados en la parte baja de los árboles. Para construir este tipo de nido, la hembra arranca algunas ramas, las entreteje y hace una plataforma con ellas. Sobre esta, apila ramitas y hojas para fabricar una almohada blanda y pasar la noche.

**7** Una cría de gorila se acurruca junto a su madre en el cálido nido. Cuando el joven tenga unos tres años, construirá su propio y confortable nido, que habrá aprendido a hacer gracias a su progenitora.

# NIDOS DE PÁJARO

## ¿Por qué hacen nidos las aves?

Un nido es un lugar confortable y seguro que permite que las aves pongan huevos y cuiden de los jóvenes polluelos.

Observa los nidos de pájaro en los salientes de las paredes de la montaña y en las copas de los árboles de la ilustración. Muchas aves construyen sus nidos en las alturas, fuera del alcance de los depredadores. Además, desde allí pueden mirar hacia abajo para divisar la comida con la que alimentarse.

## ¿Por qué el alcatraz construye sus nidos cerca del mar?

Los alcatraces anidan en acantilados, a una distancia segura de los depredadores. Además, lo suelen hacer formando enormes y ruidosos grupos llamados colonias. Sus nidos están hechos de barro, plantas y excrementos, que ayudan a que no se deshagan.

## ¿Qué ave construye los nidos más grandes del mundo?

El nido del águila calva puede medir hasta 2,5 metros de ancho, más o menos lo mismo que dos niños de siete años tumbados en fila. Año tras año, la misma pareja regresará al nido y lo arreglará, remendándolo con ramitas nuevas para que esté como nuevo.

## ¿Cuántas salanganas construyen su nido dentro de una cueva?

Una cueva puede albergar miles de nidos. Cada pareja construye uno sobre la pared utilizando su saliva, que se endurece rápido.

Las salanganas emiten un sonido chasqueante y esperan a escuchar su eco para orientarse en la oscuridad y saber a qué distancia están las cosas.

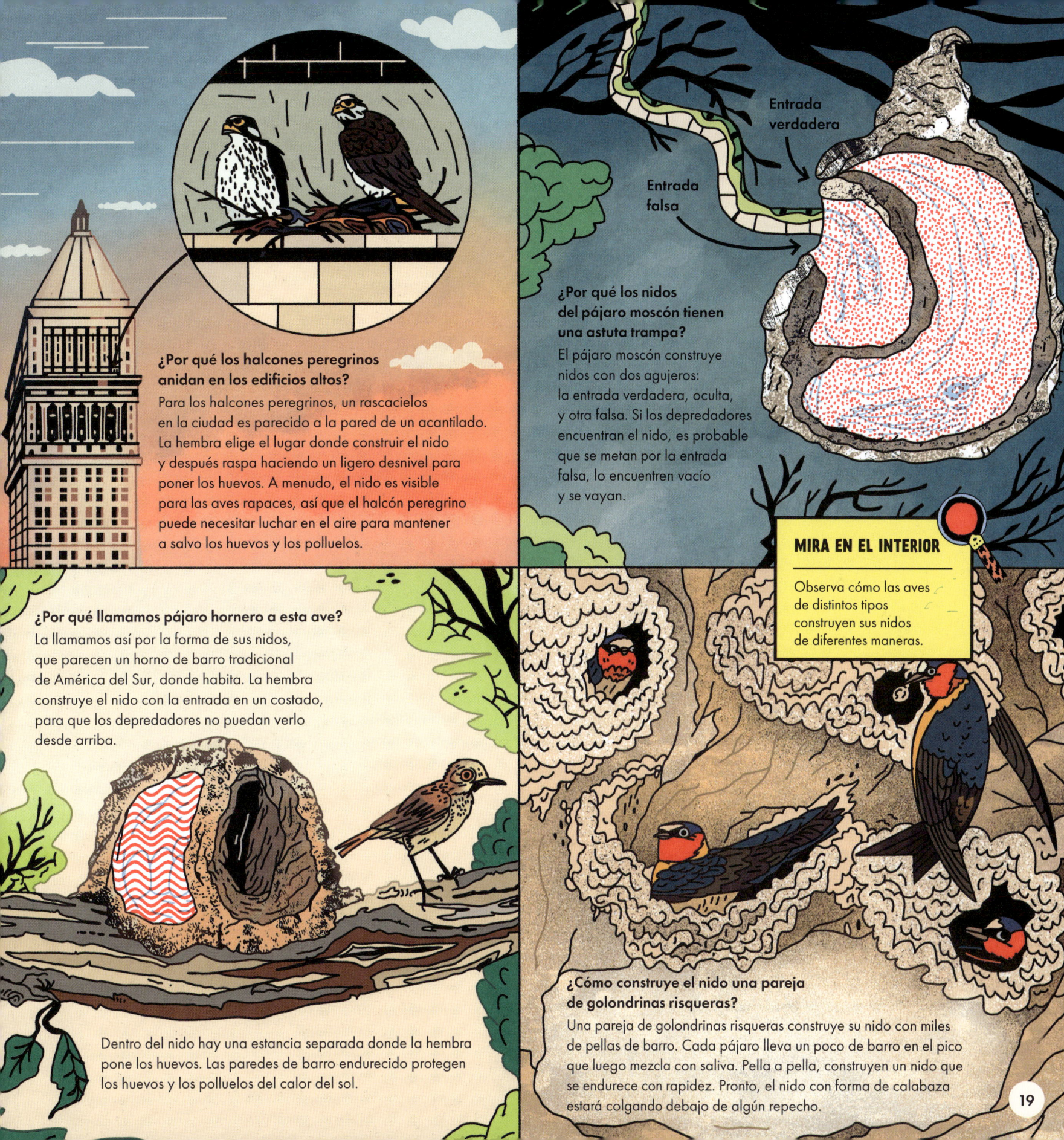

**¿Por qué los halcones peregrinos anidan en los edificios altos?**

Para los halcones peregrinos, un rascacielos en la ciudad es parecido a la pared de un acantilado. La hembra elige el lugar donde construir el nido y después raspa haciendo un ligero desnivel para poner los huevos. A menudo, el nido es visible para las aves rapaces, así que el halcón peregrino puede necesitar luchar en el aire para mantener a salvo los huevos y los polluelos.

Entrada verdadera

Entrada falsa

**¿Por qué los nidos del pájaro moscón tienen una astuta trampa?**

El pájaro moscón construye nidos con dos agujeros: la entrada verdadera, oculta, y otra falsa. Si los depredadores encuentran el nido, es probable que se metan por la entrada falsa, lo encuentren vacío y se vayan.

**MIRA EN EL INTERIOR**

Observa cómo las aves de distintos tipos construyen sus nidos de diferentes maneras.

**¿Por qué llamamos pájaro hornero a esta ave?**

La llamamos así por la forma de sus nidos, que parecen un horno de barro tradicional de América del Sur, donde habita. La hembra construye el nido con la entrada en un costado, para que los depredadores no puedan verlo desde arriba.

Dentro del nido hay una estancia separada donde la hembra pone los huevos. Las paredes de barro endurecido protegen los huevos y los polluelos del calor del sol.

**¿Cómo construye el nido una pareja de golondrinas risqueras?**

Una pareja de golondrinas risqueras construye su nido con miles de pellas de barro. Cada pájaro lleva un poco de barro en el pico que luego mezcla con saliva. Pella a pella, construyen un nido que se endurece con rapidez. Pronto, el nido con forma de calabaza estará colgando debajo de algún repecho.

# EL BOSQUE PLUVIAL

**¿Dónde construyen sus hogares los animales en el húmedo y caluroso bosque pluvial del Amazonas?**

En todas partes, desde la copa de los árboles hasta el suelo del bosque. Aquí viven más de tres millones de tipos distintos de animales.

Todos los días, el sol brilla y la lluvia cae. Los pájaros construyen nidos en las ramas altas, mientras más abajo los monos, murciélagos y ranas se refugian bajo un manto de hojas. Sobre el suelo del bosque, los insectos corretean entre cortezas empapadas y retorcidas raíces.

## ¡ENCUÉNTRALOS!

¿Eres capaz de encontrar todo lo que hay en esta lista? ¡Necesitarás la lupa mágica para descubrir algunas cosas!

1. Polluelos de tucán
2. Jaguar
3. Rana verde de ojos rojos
4. Arpías mayores
5. Monos aulladores
6. Perezoso de tres dedos
7. Murciélago de campamento
8. Anaconda
9. Caimán
10. Insectos, escarabajos y arañas

## ¿Quiénes construyen sus hogares aquí?

Un árbol del bosque pluvial puede crecer hasta una altura similar a la de un edificio de 20 pisos. Este tipo de bosque está formado por distintas capas, donde cada clase de animal construye su refugio.

**Capa emergente**
Las aves y mariposas se elevan en las copas de los árboles, bañadas por el sol.

**Dosel**
Los monos se balancean entre las gruesas ramas y las aves picotean las bayas.

**Sotobosque**
Las serpientes y los murciélagos viven entre las lianas. Puede que el jaguar también se esconda aquí.

**Suelo boscoso**
Muchos animales buscan insectos y frutos caídos para alimentarse ahí.

**1** Un tronco hueco de árbol sirve como nido seguro y oculto para los **polluelos de tucán**. La madre introduce su largo pico a través del agujero para alimentarlos con frutos.

**2** El **jaguar** tiene pocos depredadores, así que ha convertido todo el sotobosque en sus dominios. Este gran felino duerme la siesta en alguna rama alta, con un ojo entreabierto, listo para alimentarse de los animales que hay debajo.

## MIRA EN EL INTERIOR

Encuentra las crías de los animales dentro de sus refugios en el bosque pluvial.

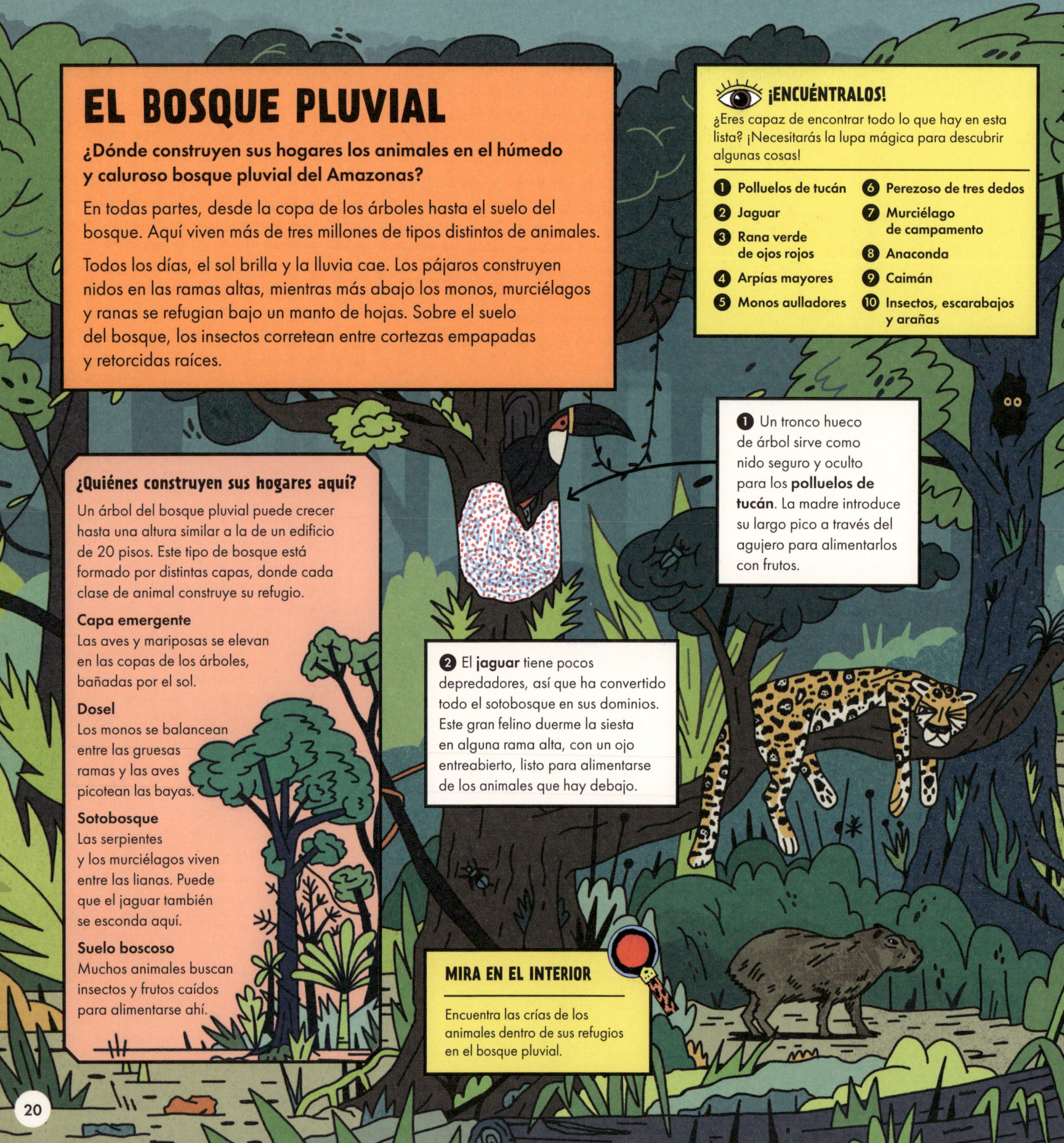

**3** La **rana verde** de ojos rojos se oculta dentro de una hoja de bromelia, que tiene una forma similar a un cuenco. Cuando llueve, el cuenco se llena de agua, creando así una piscina dentro de su propio refugio.

**4** En las copas de los árboles más altos verás un enorme nido, construido por una pareja de **arpías mayores**. Estas aves se lanzan en picado para atrapar con sus garras afiladas como cuchillos a los animales que hay más abajo.

**5** Durante el día, los **monos aulladores** se balancean de árbol en árbol, buscando frutos para alimentarse. Se cuelgan de las ramas con la cola, como si fuera otro brazo. Por la noche, se acuestan en un nido hecho de hojas, en las copas de los árboles.

**6** El **perezoso de tres dedos** no necesita nido: se agarra con firmeza a una rama con sus largas uñas curvas y pasa todo el día cabeza abajo, profundamente dormido.

**7** Los **murciélagos de campamento** mordisquean el centro de una hoja, lo que hace que esta se doble y tome forma de tienda de campaña, creando unos curiosos nidos. Así, estos minúsculos animales están a salvo de los depredadores, la lluvia y el sol.

**8** Sorprender a una **anaconda** deslizándose al interior de su madriguera es difícil. La piel moteada de esta serpiente se camufla con los colores del suelo del bosque.

**9** Cerca del río, una hembra de **caimán** construye su nido con hojas y tierra y después pone los huevos. Cuando nazca alguna cría, la llevará en la boca hasta la orilla.

**10** **Insectos**, **escarabajos** y **arañas** de todo tipo construyen sus refugios en los rincones oscuros del suelo del bosque. Muchos también viven en la rugosa corteza de los árboles.

# EL NIDO DE LAS HORMIGAS CORTADORAS DE HOJAS

**¿Por qué las hormigas cortadoras transportan hojas gigantes hasta su hogar?**

Estas hormigas sostienen las hojas por encima de su cabeza, desfilan recorriendo las ramas de los árboles y después descienden al suelo, donde está el hormiguero.

Las hojas que han recogido las utilizan para cultivar un tipo de comida especial: un hongo. Así que su hogar ¡es una granja de hongos!

**4** Las **hormigas medianas** llevan hojas al regresar a la colonia. Las sostienen sobre la cabeza, sujetándolas con la boca firmemente, como si fueran banderines verdes.

**1** Una **colonia** de la hormiga cortadora de hojas puede albergar hasta 10 millones de ellas. Son animales sociales, lo que significa que trabajan juntas para construir su hogar y buscar alimento. Cada una tiene su misión.

**2** Las **hormigas de casta mayor** son exploradoras. Su tarea es buscar hojas frescas en el bosque pluvial.

**3** Las **hormigas de casta mediana** cortan en trozos las hojas con sus potentes mandíbulas. Otras hormigas medianas recolectan las hojas caídas.

**¿Cuáles son las tres castas de las hormigas cortadoras de hojas?**

La **hormiga de casta mayor** es la hormiga obrera de tamaño más grande. Además de salir de expedición a por hojas frescas, defiende la colonia.

La **hormiga mediana** es una obrera de tamaño medio. Un tipo de ellas tiene un surco en la cabeza para sujetar hojas, que pueden ser veinte veces más pesadas que su propio cuerpo.

La **hormiga mínima** es una obrera pequeña que solo vive bajo tierra, cultivando y cuidando de las crías.

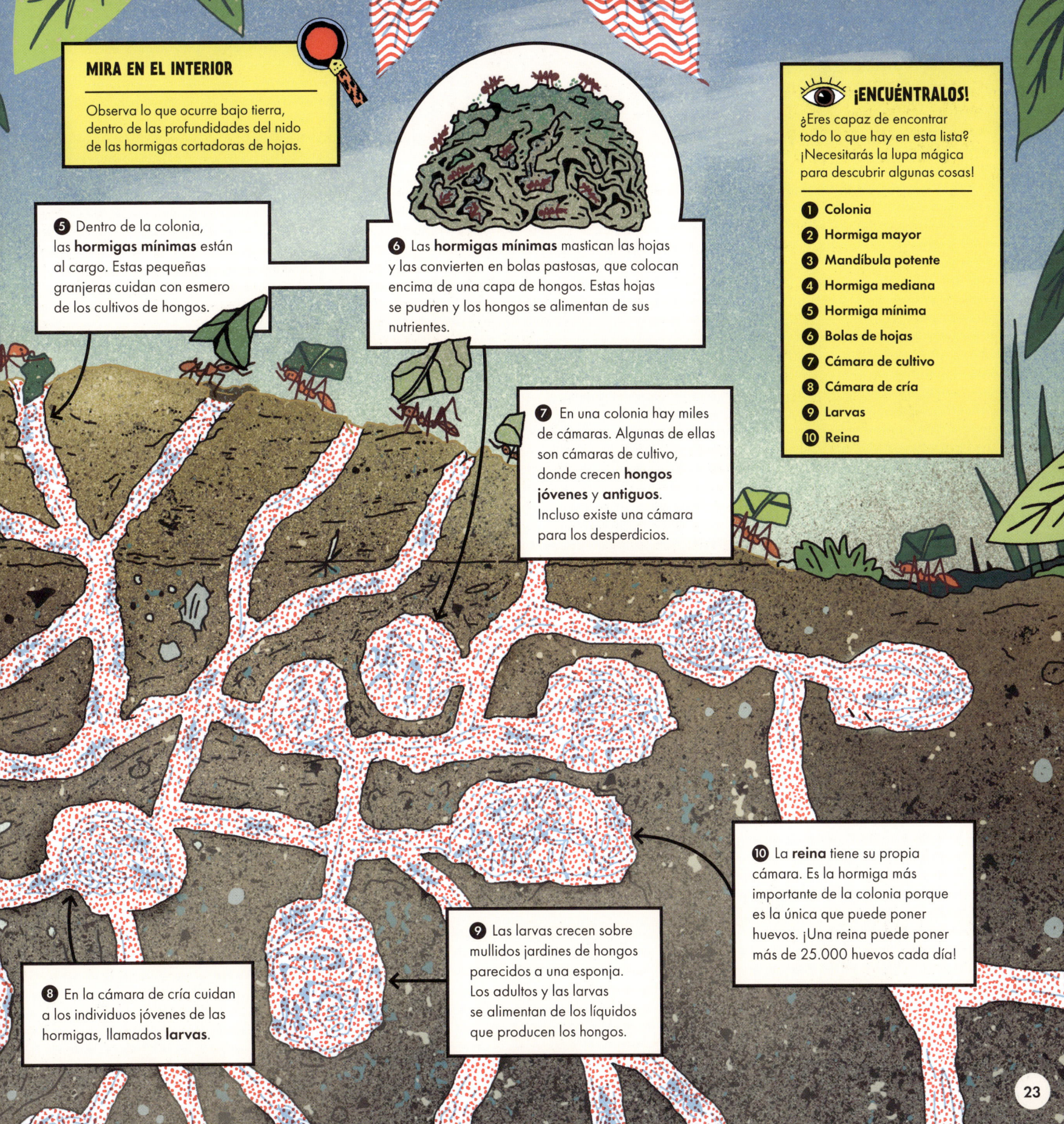

MIRA EN EL INTERIOR

Observa lo que ocurre bajo tierra, dentro de las profundidades del nido de las hormigas cortadoras de hojas.

**5** Dentro de la colonia, las **hormigas mínimas** están al cargo. Estas pequeñas granjeras cuidan con esmero de los cultivos de hongos.

**6** Las **hormigas mínimas** mastican las hojas y las convierten en bolas pastosas, que colocan encima de una capa de hongos. Estas hojas se pudren y los hongos se alimentan de sus nutrientes.

**7** En una colonia hay miles de cámaras. Algunas de ellas son cámaras de cultivo, donde crecen **hongos jóvenes** y **antiguos**. Incluso existe una cámara para los desperdicios.

¡ENCUÉNTRALOS!

¿Eres capaz de encontrar todo lo que hay en esta lista? ¡Necesitarás la lupa mágica para descubrir algunas cosas!

**1** Colonia
**2** Hormiga mayor
**3** Mandíbula potente
**4** Hormiga mediana
**5** Hormiga mínima
**6** Bolas de hojas
**7** Cámara de cultivo
**8** Cámara de cría
**9** Larvas
**10** Reina

**10** La **reina** tiene su propia cámara. Es la hormiga más importante de la colonia porque es la única que puede poner huevos. ¡Una reina puede poner más de 25.000 huevos cada día!

**9** Las larvas crecen sobre mullidos jardines de hongos parecidos a una esponja. Los adultos y las larvas se alimentan de los líquidos que producen los hongos.

**8** En la cámara de cría cuidan a los individuos jóvenes de las hormigas, llamados **larvas**.

23

# NO HAY MEJOR CASA QUE UN ÁRBOL

**¿Por qué los bosques están repletos de refugios de animales?**

En todo el mundo, los animales habitan en una vasta variedad de bosques. En ellos, los árboles crecen hasta formar una sombrilla de ramas que protege a los seres vivos de las inclemencias del tiempo. Además, sirven de alimento a los animales gracias a sus frutos y semillas.

Ramitas, hierbas y ramas son materiales perfectos para hacer nidos. También hay recovecos y rincones donde los animales más pequeños pueden esconderse.

**¿Dónde construye el nido una ardilla roja?**

Una madre ardilla roja hace su nido en un árbol del bosque. Lo construye sobre la horcadura del árbol, cerca del tronco, para que tenga apoyo. Entreteje ramitas y hojas y después cubre el nido con mullido musgo y hierba. Las crías de esta madre estarán a salvo en su interior.

**MIRA EN EL INTERIOR**

Busca a los animales del bosque en sus refugios subterráneos o sobre el suelo.

**¿Quién prepara un nido para que se lo coman sus crías?**

En los árboles del bosque, una hembra de gorgojo enrollador de hojas se asegura de que sus crías tendrán suficiente alimento. Pone los huevos en la superficie de una hoja, que después enrolla. Cuando los huevos eclosionen, las crías se alimentarán de la hoja para salir del nido.

**¿Cómo cose su nido el sastrecillo?**

En un bosque de Asia, una hembra de sastrecillo cose un nido para sus crías. Primero emplea el pico, con forma de aguja, para hacer minúsculos agujeros en los bordes de dos hojas. Después, con un hilo fabricado con tela de araña, da unas 200 puntadas para unir las hojas. Por último, rellena el nido con plumas suaves, de forma que lo deja listo para los polluelos.

## ¿Dónde tendrá sus crías una futura mamá panda?

En una fría montaña de China, una hembra de panda construye su nido en un tronco hueco de árbol. Hace jirones unas plantas de bambú y, con los pequeños trozos, fabrica un colchón blando. Cuando nazca su osezno, tendrá un tamaño similar al de un gatito doméstico. La madre lo alimentará con su leche, hasta que sea lo bastante mayor para comer bambú.

## ¿Cómo construyen las abejas una colmena en un árbol?

En la orilla de un riachuelo, un enjambre de abejas silvestres encuentra un agujero en un árbol. Trabajarán unidas para construir una colmena.

El cuerpo de las abejas produce cera, con la cual construyen filas y filas de celdas conectadas. Esta estructura se llama panal.

## ¿Cuánto tiempo vive bajo tierra un joven ciervo volante?

Las crías de ciervo volante se llaman larvas. Son blancas y gruesas, y pueden pasar hasta siete años bajo tierra, alimentándose de madera muerta en descomposición. Con el tiempo, se metamorfosean en adultos, que tienen unas mandíbulas parecidas a los cuernos de los ciervos. Los adultos viven en el suelo, correteando por el bosque.

Imagina que las celdas del panal son como armarios que guardan cosas distintas. Dentro de algunas hay miel, de la que se alimentan las abejas para obtener energía. En otras hay polen, que es un polvo con gran cantidad de proteína procedente de las plantas. Y todavía hay más celdas con abejas jóvenes, llamadas larvas.

# EL DESIERTO ARDIENTE

**¿Cómo consiguen los animales estar como en casa en el abrasador desierto de Arizona?**

Los animales tienen ingeniosas formas de sobrevivir en este árido hábitat, donde apenas llueve y pocas plantas crecen. Muchos se ocultan en las sombras y salen de noche, cuando hace más fresco. Algunos construyen nidos subterráneos, mientras que otros toman prestadas las madrigueras de los animales que se han marchado.

**❷** El **pájaro carpintero del desierto** construye un profundo agujero en el cactus saguaro. La jugosa carne de su interior será un refugio fresco y seguro. Cuando la pareja de aves haya criado a sus polluelos, abandonarán el refugio y se marcharán volando.

**❸** El **mochuelo** no construye su propio nido en el saguaro, sino que duerme en uno que abandonó algún pájaro carpintero.

**👁 ¡ENCUÉNTRALOS!**

¿Eres capaz de encontrar todos los animales de esta lista? ¡Necesitarás la lupa mágica para descubrir algunos de ellos!

❶ Hembra de codorniz
❷ Polluelos de pájaro carpintero del desierto
❸ Mochuelo de los saguaros
❹ Monstruo de Gila
❺ Lince rojo
❻ Coyote
❼ Mochuelo de madriguera
❽ Tarántula

**❶** Una hembra de **codorniz** construye su nido en la oscura sombra de un cactus. Utiliza ramitas, hojas secas y hierbas. Tanto la codorniz como su nido se camuflan bien en el suelo cubierto de maleza.

**❹** El **monstruo de Gila** raramente siente el calor del sol sobre su piel, porque permanece bajo tierra. Tiene dos madrigueras: una fresca para el verano y otra más cálida para el invierno. La piel del monstruo de Gila está cubierta de minúsculas placas de hueso, lo que le protege de los depredadores cuando caza en la superficie por la noche.

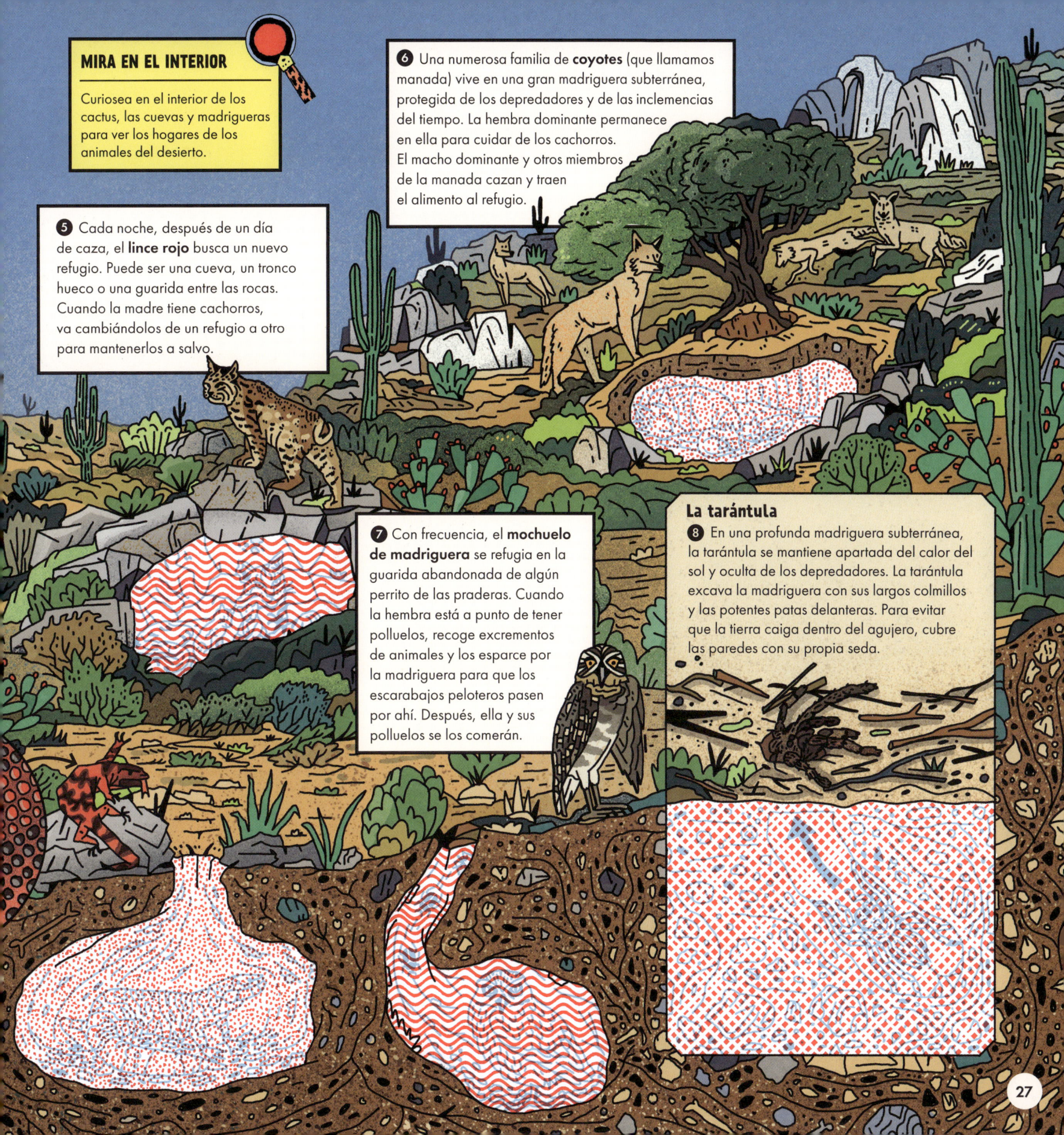

## MIRA EN EL INTERIOR

Curiosea en el interior de los cactus, las cuevas y madrigueras para ver los hogares de los animales del desierto.

**6** Una numerosa familia de **coyotes** (que llamamos manada) vive en una gran madriguera subterránea, protegida de los depredadores y de las inclemencias del tiempo. La hembra dominante permanece en ella para cuidar de los cachorros. El macho dominante y otros miembros de la manada cazan y traen el alimento al refugio.

**5** Cada noche, después de un día de caza, el **lince rojo** busca un nuevo refugio. Puede ser una cueva, un tronco hueco o una guarida entre las rocas. Cuando la madre tiene cachorros, va cambiándolos de un refugio a otro para mantenerlos a salvo.

**7** Con frecuencia, el **mochuelo de madriguera** se refugia en la guarida abandonada de algún perrito de las praderas. Cuando la hembra está a punto de tener polluelos, recoge excrementos de animales y los esparce por la madriguera para que los escarabajos peloteros pasen por ahí. Después, ella y sus polluelos se los comerán.

### La tarántula

**8** En una profunda madriguera subterránea, la tarántula se mantiene apartada del calor del sol y oculta de los depredadores. La tarántula excava la madriguera con sus largos colmillos y las potentes patas delanteras. Para evitar que la tierra caiga dentro del agujero, cubre las paredes con su propia seda.

27

# EL TERMITERO

## ¿Cómo construyen las minúsculas termitas un nido tan enorme?

Millones de termitas trabajan en equipo. Construyen un nido con forma de montículo, llamado termitero, con barro, saliva y excrementos, y hacen que su hogar funcione como un reloj. A salvo tras las paredes del termitero, se encuentran su fábrica de comida, una guardería para las termitas jóvenes y lo más importante de todo: la cámara de la termita reina, que pone unos 30.000 huevos al día.

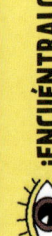

### ¡ENCUÉNTRALOS!

¿Eres capaz de encontrar todo lo que hay en esta lista? ¡Necesitarás la lupa mágica para descubrir algunas cosas!

1. Termitero
2. Chimenea central
3. Respiradero
4. Paredes
5. Cámaras de vivienda
6. Termita soldado
7. Hongos
8. Reina
9. Guardería
10. Termitas obreras

## MIRA EN EL INTERIOR

Descubre lo que ocurre en el interior de un termitero, de arriba abajo.

**2** Las termitas obreras construyen **gruesos y duros muros** para conservar húmedo y blando el interior del termitero.

**3** Tal vez haga un calor sofocante fuera, pero el interior del termitero está fresco. Las termitas construyen una **chimenea central** para favorecer el flujo del aire, igual que si fuera un sistema de aire acondicionado.

**4** El aire caliente asciende por la chimenea y sale a través de una abertura llamada **respiradero.**

**1** Los termiteros pueden ser mucho más altos que una persona. Protegen a las colonias de termitas de las abrasadoras temperaturas de África, Australia y América del Sur, donde habitan.

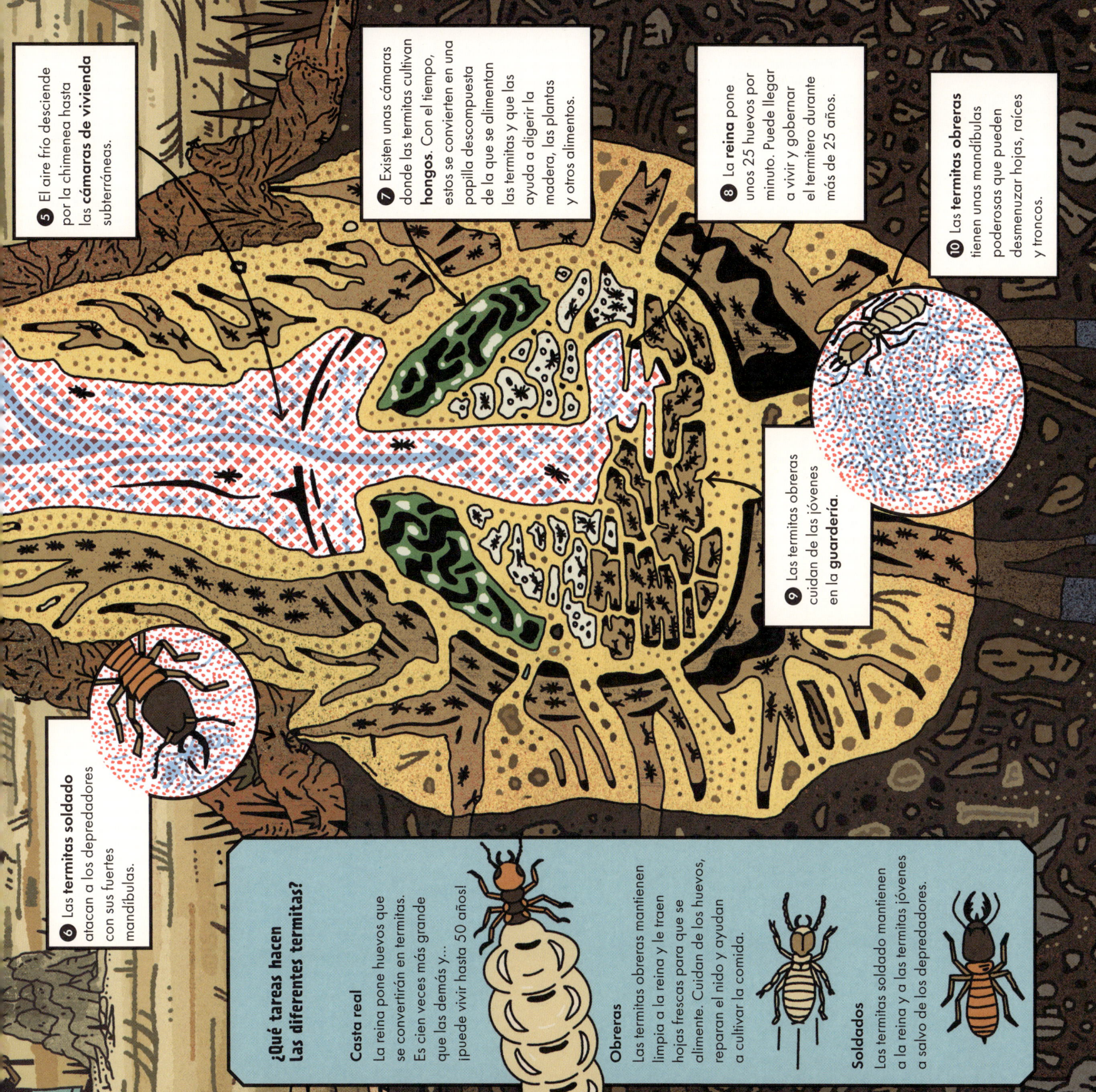

**5** El aire frío desciende por la chimenea hasta las **cámaras de vivienda** subterráneas.

**7** Existen unas cámaras donde las termitas cultivan **hongos**. Con el tiempo, estos se convierten en una papilla descompuesta de la que se alimentan las termitas y que las ayuda a digerir la madera, las plantas y otros alimentos.

**8** La **reina** pone unos 25 huevos por minuto. Puede llegar a vivir y gobernar el termitero durante más de 25 años.

**10** Las **termitas obreras** tienen unas mandíbulas poderosas que pueden desmenuzar hojas, raíces y troncos.

**9** Las termitas obreras cuidan de las jóvenes en la **guardería**.

**6** Las **termitas soldado** atacan a los depredadores con sus fuertes mandíbulas.

## ¿Qué tareas hacen las diferentes termitas?

**Casta real**

La reina pone huevos que se convertirán en termitas. Es cien veces más grande que las demás y... ¡puede vivir hasta 50 años!

**Obreras**

Las termitas obreras mantienen limpia a la reina y le traen hojas frescas para que se alimente. Cuidan de los huevos, reparan el nido y ayudan a cultivar la comida.

**Soldados**

Las termitas soldado mantienen a la reina y a las termitas jóvenes a salvo de los depredadores.

# CALOR EXTREMO

### ¿Cómo construyen los animales sus refugios y se mantienen frescos en los lugares más calurosos?

Los animales emplean ingeniosas maneras de protegerse de la ardiente luz del sol.

Para algunos animales, como las hormigas cosechadoras de la India, los jerbos o el gran eslizón del desierto, construir un refugio fresco es una tarea enorme, de modo que trabajan en equipo. Pero los fenecos o la tortuga del desierto de Mojave cavan su madriguera subterránea en solitario. Los canguros, por ejemplo, tienen una manera única de proteger a sus crías del calor extremo.

### ¿Dónde se mantienen seguras las crías de canguro?

En las regiones interiores de Australia, las mamás canguro proporcionan a sus crías (que cuando nacen tienen el tamaño de una gominola) un hogar apretado y acogedor. Mantienen al bebé a salvo dentro de la bolsa de piel que tienen en el vientre. El cangurito toma leche en el interior de la bolsa de su madre hasta que es lo bastante grande y fuerte para vivir solo.

### ¿Por qué las hormigas cosechadoras de la India construyen un hormiguero circular?

Bajo tierra, estas hormigas crean muros de barro en espiral que evitan que el hormiguero se inunde durante las intensas lluvias. Además, al estar construidos sobre una pendiente, los canales conducen el agua afuera. Las hormigas hacen túneles con pasajes estrechos, para protegerse del calor implacable del sol y mantenerse frescas.

### ¿Cómo utiliza el feneco las pezuñas peludas para construir su casa?

En el desierto del Sahara, un feneco usa las pezuñas como si fueran palas para cavar una madriguera bajo el suelo arenoso. Las pezuñas del feneco están cubiertas de un pelaje espeso que funciona como si fuera un zapato, y así puede andar sobre la ardiente arena. El feneco también tiene unas orejas enormes que disipan el calor y ayudan a mantener su cuerpo fresco.

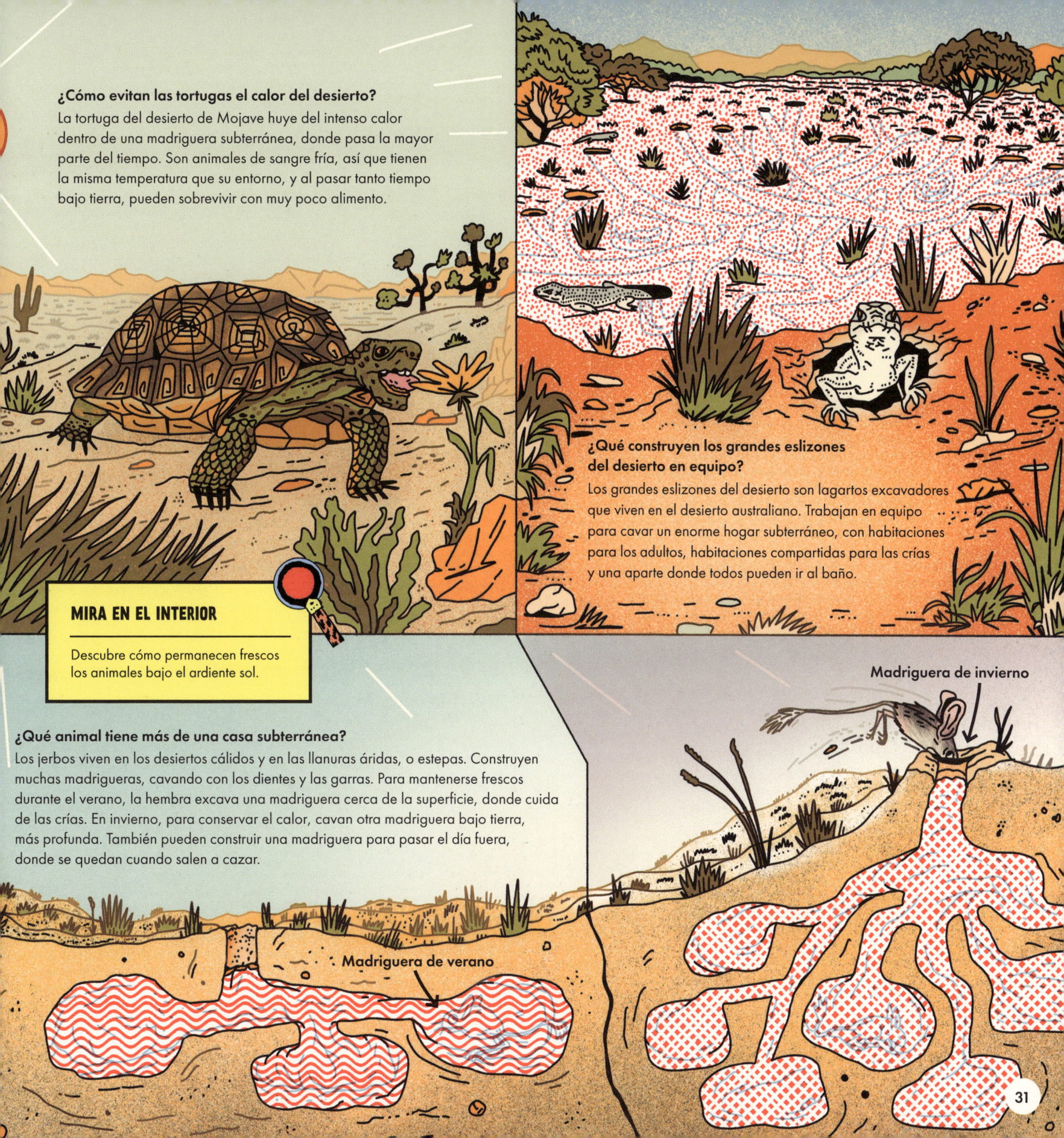

### ¿Cómo evitan las tortugas el calor del desierto?

La tortuga del desierto de Mojave huye del intenso calor dentro de una madriguera subterránea, donde pasa la mayor parte del tiempo. Son animales de sangre fría, así que tienen la misma temperatura que su entorno, y al pasar tanto tiempo bajo tierra, pueden sobrevivir con muy poco alimento.

**MIRA EN EL INTERIOR**

Descubre cómo permanecen frescos los animales bajo el ardiente sol.

### ¿Qué construyen los grandes eslizones del desierto en equipo?

Los grandes eslizones del desierto son lagartos excavadores que viven en el desierto australiano. Trabajan en equipo para cavar un enorme hogar subterráneo, con habitaciones para los adultos, habitaciones compartidas para las crías y una aparte donde todos pueden ir al baño.

### ¿Qué animal tiene más de una casa subterránea?

Los jerbos viven en los desiertos cálidos y en las llanuras áridas, o estepas. Construyen muchas madrigueras, cavando con los dientes y las garras. Para mantenerse frescos durante el verano, la hembra excava una madriguera cerca de la superficie, donde cuida de las crías. En invierno, para conservar el calor, cavan otra madriguera bajo tierra, más profunda. También pueden construir una madriguera para pasar el día fuera, donde se quedan cuando salen a cazar.

Madriguera de invierno

Madriguera de verano

# EN LOS PASTIZALES

## ¿Cómo construyen los animales sus hogares en los pastizales?

Las extensas llanuras herbáceas reciben nombres distintos: la sabana africana, las praderas de América del Norte y el outback australiano.

En el pastizal, muchos animales se mantienen a salvo cavando madrigueras subterráneas. Puede ser difícil encontrar animales en el pastizal, porque se camuflan con el suelo y la maleza para mantenerse ocultos a los ojos de los depredadores.

## ¿Quién duerme en su madriguera durante 16 horas al día?

En las praderas de América del Sur, un armadillo cava con sus largos colmillos frontales una cálida madriguera, donde duerme durante la mayor parte del día. Alguna que otra vez, comparte madriguera con una tortuga o una serpiente.

## ¿Dónde construye su nido el emú?

En el outback australiano no hay muchos árboles, y los emúes no pueden volar, así que esta ave hace un nido con ramitas en suelo. El nido, que se camufla con el suelo, es más grande que una cama de matrimonio, ya que son animales tan altos como una persona. Si alguien se acerca demasiado al nido, el emú le da una coz con sus largas patas.

## ¿Cómo protege el wombat su madriguera en el outback?

Cuando algún zorro ataca su madriguera, el wombat tiene una forma de mantenerse a salvo: tapona la entrada con su trasero, reforzado con hueso y que es duro como una roca. El wombat también atiza fuertes patadas para evitar que el zorro se acerque demasiado.

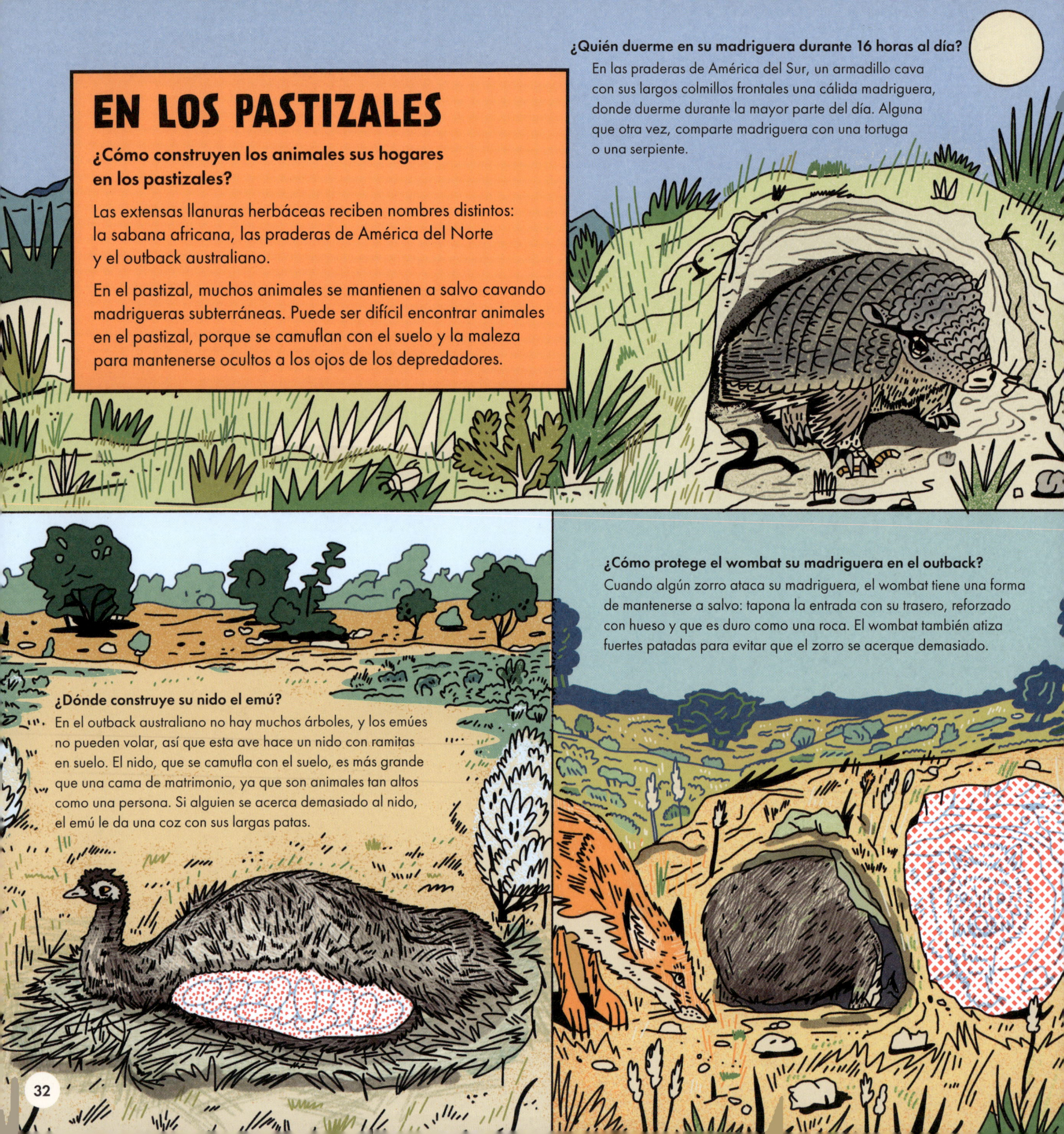

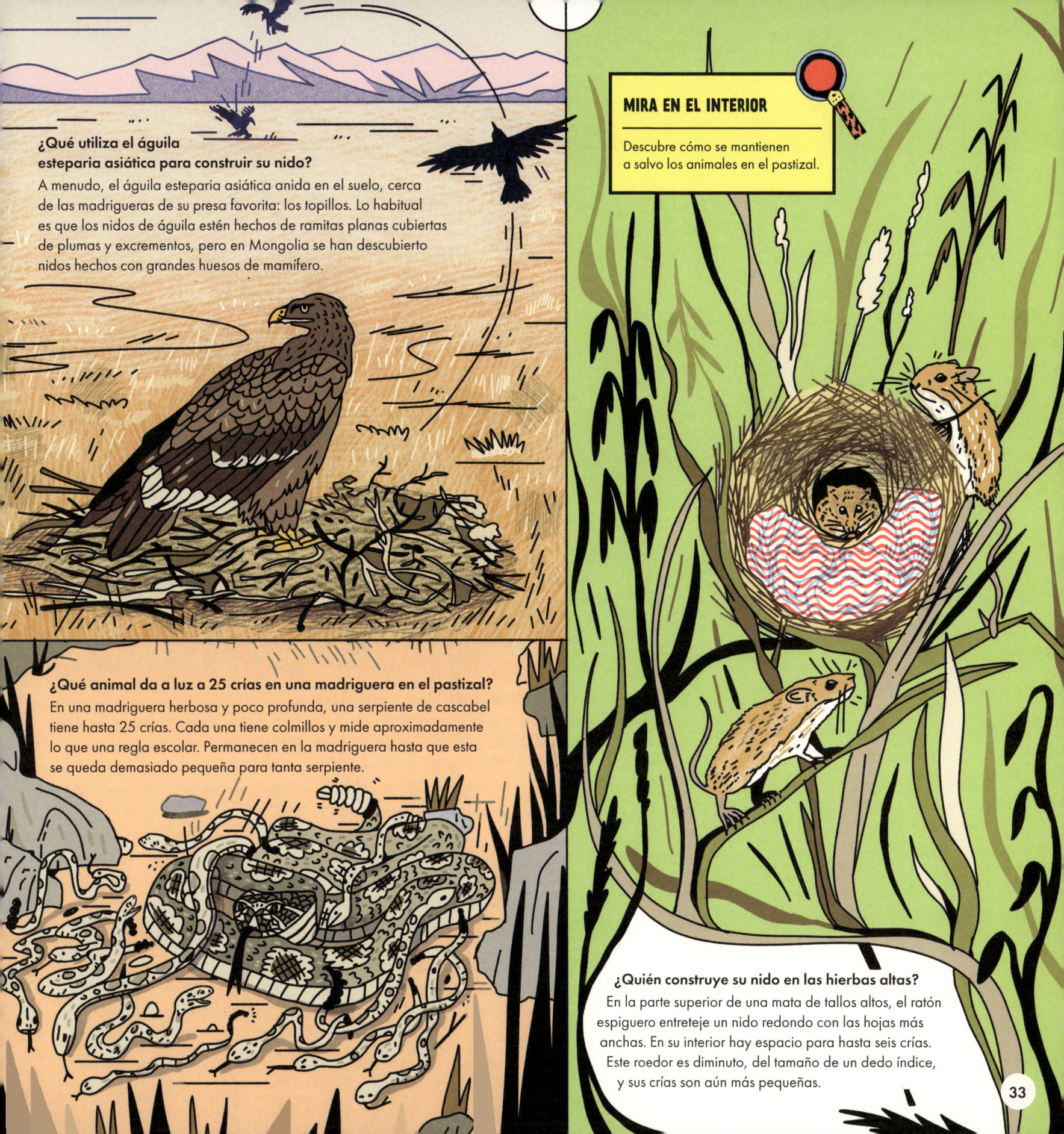

### ¿Qué utiliza el águila esteparia asiática para construir su nido?

A menudo, el águila esteparia asiática anida en el suelo, cerca de las madrigueras de su presa favorita: los topillos. Lo habitual es que los nidos de águila estén hechos de ramitas planas cubiertas de plumas y excrementos, pero en Mongolia se han descubierto nidos hechos con grandes huesos de mamífero.

### ¿Qué animal da a luz a 25 crías en una madriguera en el pastizal?

En una madriguera herbosa y poco profunda, una serpiente de cascabel tiene hasta 25 crías. Cada una tiene colmillos y mide aproximadamente lo que una regla escolar. Permanecen en la madriguera hasta que esta se queda demasiado pequeña para tanta serpiente.

### MIRA EN EL INTERIOR

Descubre cómo se mantienen a salvo los animales en el pastizal.

### ¿Quién construye su nido en las hierbas altas?

En la parte superior de una mata de tallos altos, el ratón espiguero entreteje un nido redondo con las hojas más anchas. En su interior hay espacio para hasta seis crías. Este roedor es diminuto, del tamaño de un dedo índice, y sus crías son aún más pequeñas.

33

# EL POBLADO DE LOS PERRITOS DE LAS PRADERAS

**¿Cómo se mantienen a salvo los perritos de las praderas en las llanuras?**

Ocultarse de los depredadores en las llanuras de América del Norte es complicado, así que excavan madrigueras bajo el suelo, donde crean enormes poblados. Para mantenerse seguros, emplean distintos ladridos, según el depredador, para avisarse del peligro.

**1** Durante el día, salir a la superficie a comer hierba es seguro para los perritos de las praderas. La hierba baja ayuda a que sea más sencillo divisar a los depredadores. Además, su **pelaje marrón** claro se confunde con la hierba seca y los camufla.

**2** Los perritos de las praderas excavan con sus **garras largas y afiladas** hasta 70 profundos agujeros y muchos túneles que los conectan. Son animales que viven en comunidad, compartiendo hogar, alimento y cuidándose los unos a los otros.

**3** El **poblado de los perritos** tiene distintos barrios, justo igual que los pueblos donde viven personas. Varias familias viven en una zona, llamada pabellón. Se saludan entre ellas frotándose los hocicos.

**4** En la **guardería**, una madre cuida de los indefensos recién nacidos, que llamamos cachorros. Cuando estos tienen unas seis semanas, se aventuran a salir a la superficie, donde aprenderán a mantenerse a salvo tanto ahí como bajo tierra.

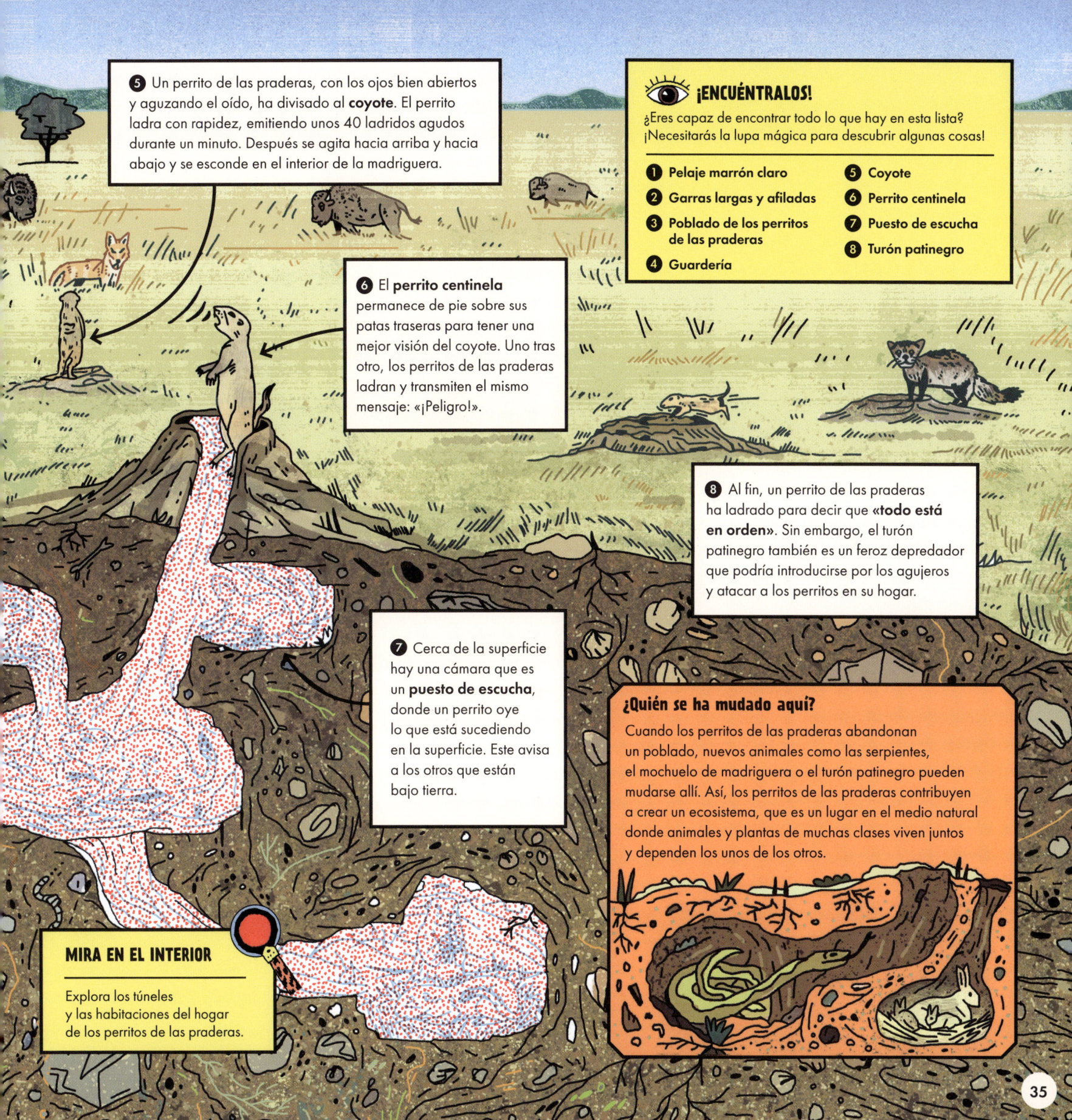

**5** Un perrito de las praderas, con los ojos bien abiertos y aguzando el oído, ha divisado al **coyote**. El perrito ladra con rapidez, emitiendo unos 40 ladridos agudos durante un minuto. Después se agita hacia arriba y hacia abajo y se esconde en el interior de la madriguera.

**👁 ¡ENCUÉNTRALOS!**

¿Eres capaz de encontrar todo lo que hay en esta lista? ¡Necesitarás la lupa mágica para descubrir algunas cosas!

**1** Pelaje marrón claro
**2** Garras largas y afiladas
**3** Poblado de los perritos de las praderas
**4** Guardería

**5** Coyote
**6** Perrito centinela
**7** Puesto de escucha
**8** Turón patinegro

**6** El **perrito centinela** permanece de pie sobre sus patas traseras para tener una mejor visión del coyote. Uno tras otro, los perritos de las praderas ladran y transmiten el mismo mensaje: «¡Peligro!».

**8** Al fin, un perrito de las praderas ha ladrado para decir que **«todo está en orden»**. Sin embargo, el turón patinegro también es un feroz depredador que podría introducirse por los agujeros y atacar a los perritos en su hogar.

**7** Cerca de la superficie hay una cámara que es un **puesto de escucha**, donde un perrito oye lo que está sucediendo en la superficie. Este avisa a los otros que están bajo tierra.

**¿Quién se ha mudado aquí?**

Cuando los perritos de las praderas abandonan un poblado, nuevos animales como las serpientes, el mochuelo de madriguera o el turón patinegro pueden mudarse allí. Así, los perritos de las praderas contribuyen a crear un ecosistema, que es un lugar en el medio natural donde animales y plantas de muchas clases viven juntos y dependen los unos de los otros.

**MIRA EN EL INTERIOR**

Explora los túneles y las habitaciones del hogar de los perritos de las praderas.

# GRANDES LLANURAS DE HIERBA

### ¿Hay animales que construyan su casa en la sabana africana?

Aquí, debido al tipo de terreno, pocos animales hacen refugios.

Las cebras, las hienas y otros grandes animales de la sabana están siempre en movimiento en las abiertas planicies. Una cebra husmea buscando hierba fresca para alimentarse mientras una hiena (un carnívoro cazador) está siguiéndola para que se convierta en su próxima comida. Unos pocos animales de menor tamaño construyen sus hogares bajo tierra, mientras que las aves hacen nidos en los árboles.

## MIRA EN EL INTERIOR

Descubre quiénes viven sobre la tierra y bajo ella en la polvorienta sabana africana.

**❶** Una manada de leones descansan bajo la sombra de un árbol. Estos grandes félidos están en la cima de la cadena alimentaria, lo que significa que son ellos los que cazan a otros animales para comérselos.

**❷** Las **hienas** funcionan como un equipo y cazan en manada. Cuando tienen una visión clara de un grupo de cebras pastando, las rodean y después intentan separar a la más débil. Juntas, las hienas pueden matar a animales mucho más grandes que ellas.

**❹** Una hembra de **avestruz** pone sus huevos en un hoyo poco profundo hecho en la arena. El macho y la hembra se turnan para empollar los huevos y mantenerlos calientes y a salvo. De vez en cuando, la hembra voltea los huevos con el pico para que mantengan la misma temperatura por todos los lados.

## ¡ENCUÉNTRALOS!

¿Eres capaz de encontrar todos los animales de esta lista? ¡Necesitarás la lupa mágica para descubrir algunos de ellos!

❶ **Manada de leones**

❷ **Hienas**

❸ **Pitón africana de roca**

❹ **Avestruz**

❺ **Picabueyes piquirrojo**

❻ **Tejedor republicano**

❼ **Jabalí verrugoso**

❽ **Araña de trampilla**

❾ **Escarabajo pelotero**

❿ **Cerdo hormiguero**

**❸** Hay solo unos pocos árboles donde los animales puedan hacer nidos, así que muchos animales más pequeños se alojan bajo tierra. La **pitón africana** de roca cava su refugio en el interior de un antiguo termitero.

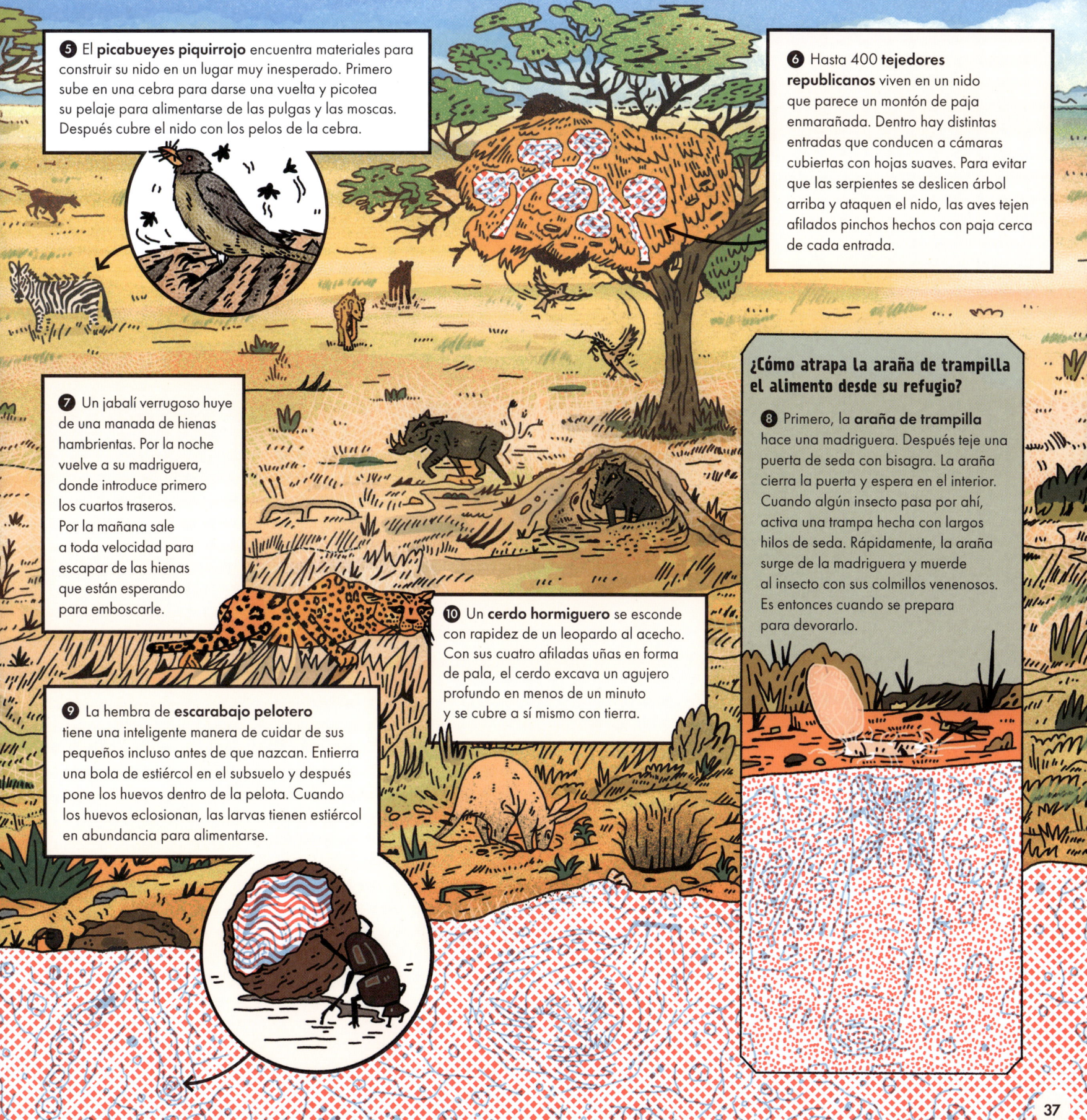

**5** El **picabueyes piquirrojo** encuentra materiales para construir su nido en un lugar muy inesperado. Primero sube en una cebra para darse una vuelta y picotea su pelaje para alimentarse de las pulgas y las moscas. Después cubre el nido con los pelos de la cebra.

**6** Hasta 400 **tejedores republicanos** viven en un nido que parece un montón de paja enmarañada. Dentro hay distintas entradas que conducen a cámaras cubiertas con hojas suaves. Para evitar que las serpientes se deslicen árbol arriba y ataquen el nido, las aves tejen afilados pinchos hechos con paja cerca de cada entrada.

**7** Un jabalí verrugoso huye de una manada de hienas hambrientas. Por la noche vuelve a su madriguera, donde introduce primero los cuartos traseros. Por la mañana sale a toda velocidad para escapar de las hienas que están esperando para emboscarle.

**¿Cómo atrapa la araña de trampilla el alimento desde su refugio?**

**8** Primero, la **araña de trampilla** hace una madriguera. Después teje una puerta de seda con bisagra. La araña cierra la puerta y espera en el interior. Cuando algún insecto pasa por ahí, activa una trampa hecha con largos hilos de seda. Rápidamente, la araña surge de la madriguera y muerde al insecto con sus colmillos venenosos. Es entonces cuando se prepara para devorarlo.

**10** Un **cerdo hormiguero** se esconde con rapidez de un leopardo al acecho. Con sus cuatro afiladas uñas en forma de pala, el cerdo excava un agujero profundo en menos de un minuto y se cubre a sí mismo con tierra.

**9** La hembra de **escarabajo pelotero** tiene una inteligente manera de cuidar de sus pequeños incluso antes de que nazcan. Entierra una bola de estiércol en el subsuelo y después pone los huevos dentro de la pelota. Cuando los huevos eclosionan, las larvas tienen estiércol en abundancia para alimentarse.

# EN LA COSTA

**¿Cuál es el mejor momento para buscar los refugios de los animales en las playas del norte de Europa?**

Cuando la marea sube, el agua cubre la playa, de modo que es difícil ver a los animales que hay debajo. Sin embargo, cuando la marea baja, criaturas de todo tipo aparecen sobre la arena, junto a sus hogares.

La costa está en constante cambio, por lo que los animales de este hábitat han adaptado sus hogares a estas circunstancias. Para mantenerse a salvo, algunos cavan su refugio bajo la arena, mientras que otros se sujetan a las rocas con firmeza para no ser arrastrados.

**MIRA EN EL INTERIOR**

Descubre lo que les sucede a los animales de la costa y sus refugios cuando la marea sube y baja.

**❶** Cuando se retira la marea, las arenícolas marinas dejan garabatos en la arena mojada. Estos animales hacen unas madrigueras con forma de U, comen arena y después la expulsan como unos excrementos con aspecto de espiral, llamados humus. Las aves marinas se lo comen como aperitivo.

**❷** En la playa, el **cangrejo de arena** hace un nido excavando hacia atrás en la arena. Utiliza sus antenas para respirar, como un tubo de esnórquel. Cuando sube la marea y hay fuerte oleaje, puede ser arrastrado a una playa totalmente distinta.

**❸** Cuando baja la marea y la playa está seca, las lapas se agarran con fuerza a las rocas utilizando un músculo llamado pie: una ventosa de succión cubierta de una baba pegajosa. Cuando sube la marea, se desplazan y dejan un rastro de baba tras de sí. A menudo siguen este rastro para regresar a su lugar favorito. Además se alimentan de las algas de las rocas en las que se agarran.

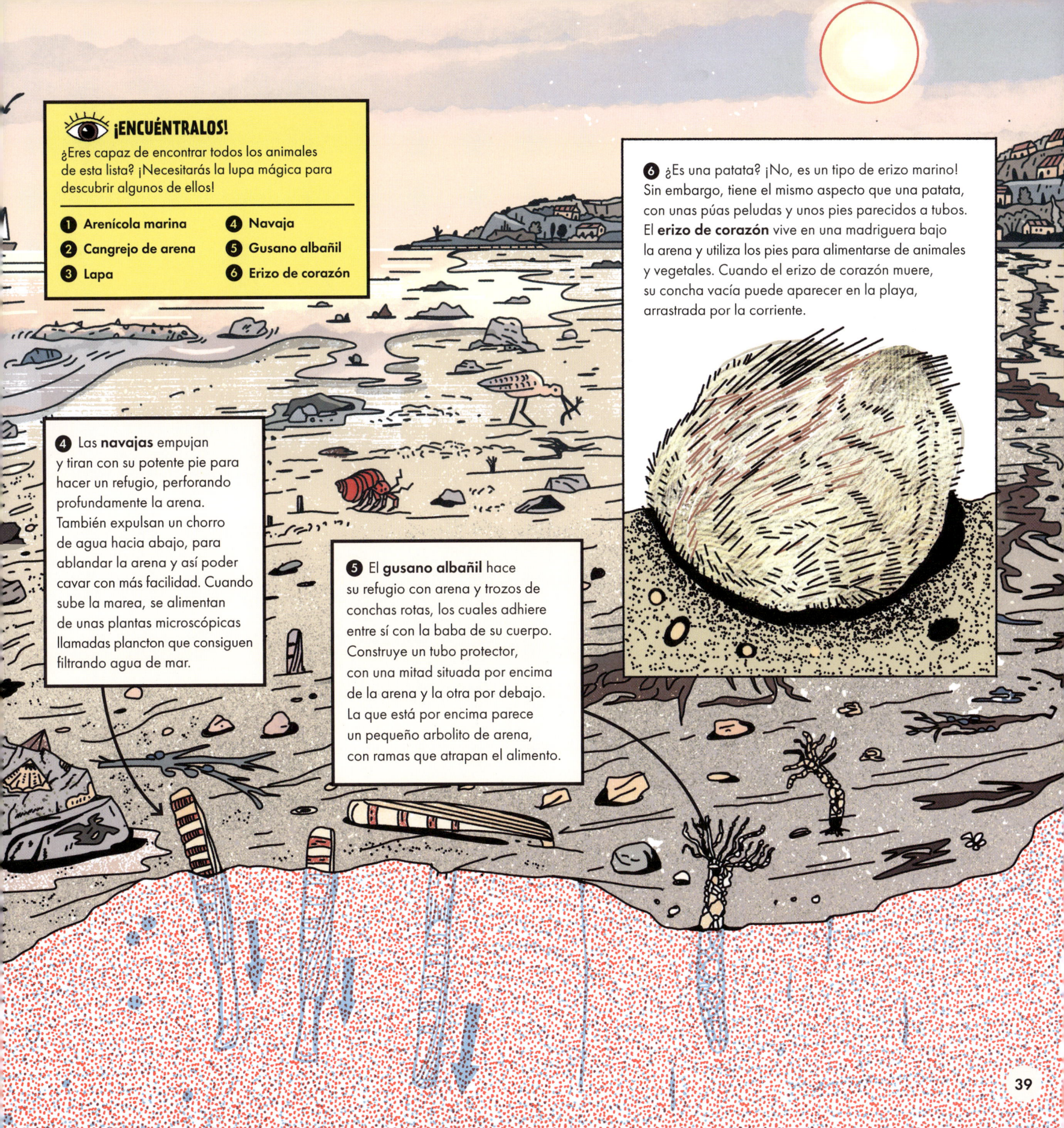

## 👁 ¡ENCUÉNTRALOS!

¿Eres capaz de encontrar todos los animales de esta lista? ¡Necesitarás la lupa mágica para descubrir algunos de ellos!

1 Arenícola marina    4 Navaja

2 Cangrejo de arena   5 Gusano albañil

3 Lapa                6 Erizo de corazón

6 ¿Es una patata? ¡No, es un tipo de erizo marino! Sin embargo, tiene el mismo aspecto que una patata, con unas púas peludas y unos pies parecidos a tubos. El **erizo de corazón** vive en una madriguera bajo la arena y utiliza los pies para alimentarse de animales y vegetales. Cuando el erizo de corazón muere, su concha vacía puede aparecer en la playa, arrastrada por la corriente.

4 Las **navajas** empujan y tiran con su potente pie para hacer un refugio, perforando profundamente la arena. También expulsan un chorro de agua hacia abajo, para ablandar la arena y así poder cavar con más facilidad. Cuando sube la marea, se alimentan de unas plantas microscópicas llamadas plancton que consiguen filtrando agua de mar.

5 El **gusano albañil** hace su refugio con arena y trozos de conchas rotas, los cuales adhiere entre sí con la baba de su cuerpo. Construye un tubo protector, con una mitad situada por encima de la arena y la otra por debajo. La que está por encima parece un pequeño arbolito de arena, con ramas que atrapan el alimento.

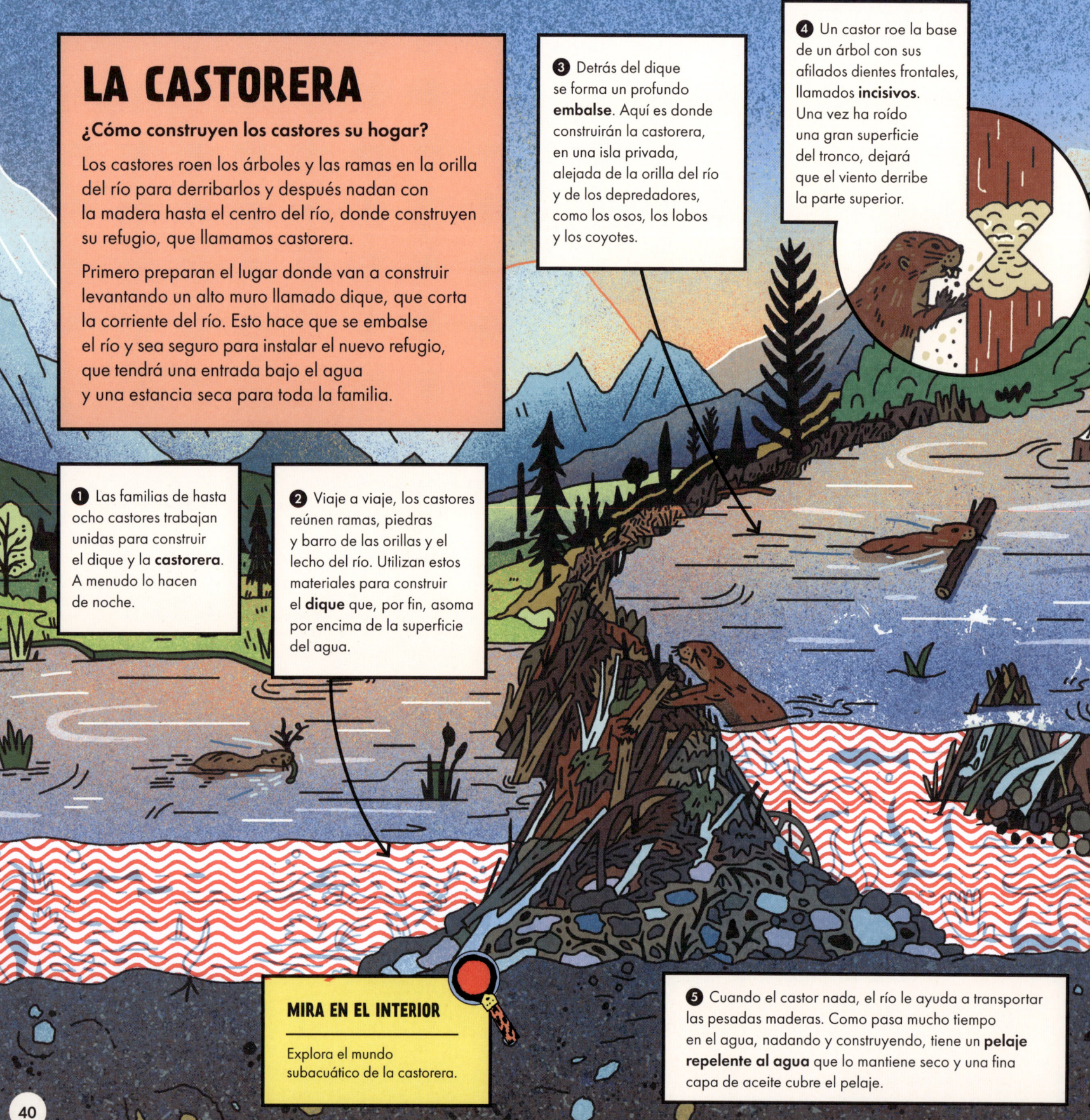

# LA CASTORERA

**¿Cómo construyen los castores su hogar?**

Los castores roen los árboles y las ramas en la orilla del río para derribarlos y después nadan con la madera hasta el centro del río, donde construyen su refugio, que llamamos castorera.

Primero preparan el lugar donde van a construir levantando un alto muro llamado dique, que corta la corriente del río. Esto hace que se embalse el río y sea seguro para instalar el nuevo refugio, que tendrá una entrada bajo el agua y una estancia seca para toda la familia.

**3** Detrás del dique se forma un profundo **embalse**. Aquí es donde construirán la castorera, en una isla privada, alejada de la orilla del río y de los depredadores, como los osos, los lobos y los coyotes.

**4** Un castor roe la base de un árbol con sus afilados dientes frontales, llamados **incisivos**. Una vez ha roído una gran superficie del tronco, dejará que el viento derribe la parte superior.

**1** Las familias de hasta ocho castores trabajan unidas para construir el dique y la **castorera**. A menudo lo hacen de noche.

**2** Viaje a viaje, los castores reúnen ramas, piedras y barro de las orillas y el lecho del río. Utilizan estos materiales para construir el **dique** que, por fin, asoma por encima de la superficie del agua.

**MIRA EN EL INTERIOR**

Explora el mundo subacuático de la castorera.

**5** Cuando el castor nada, el río le ayuda a transportar las pesadas maderas. Como pasa mucho tiempo en el agua, nadando y construyendo, tiene un **pelaje repelente al agua** que lo mantiene seco y una fina capa de aceite cubre el pelaje.

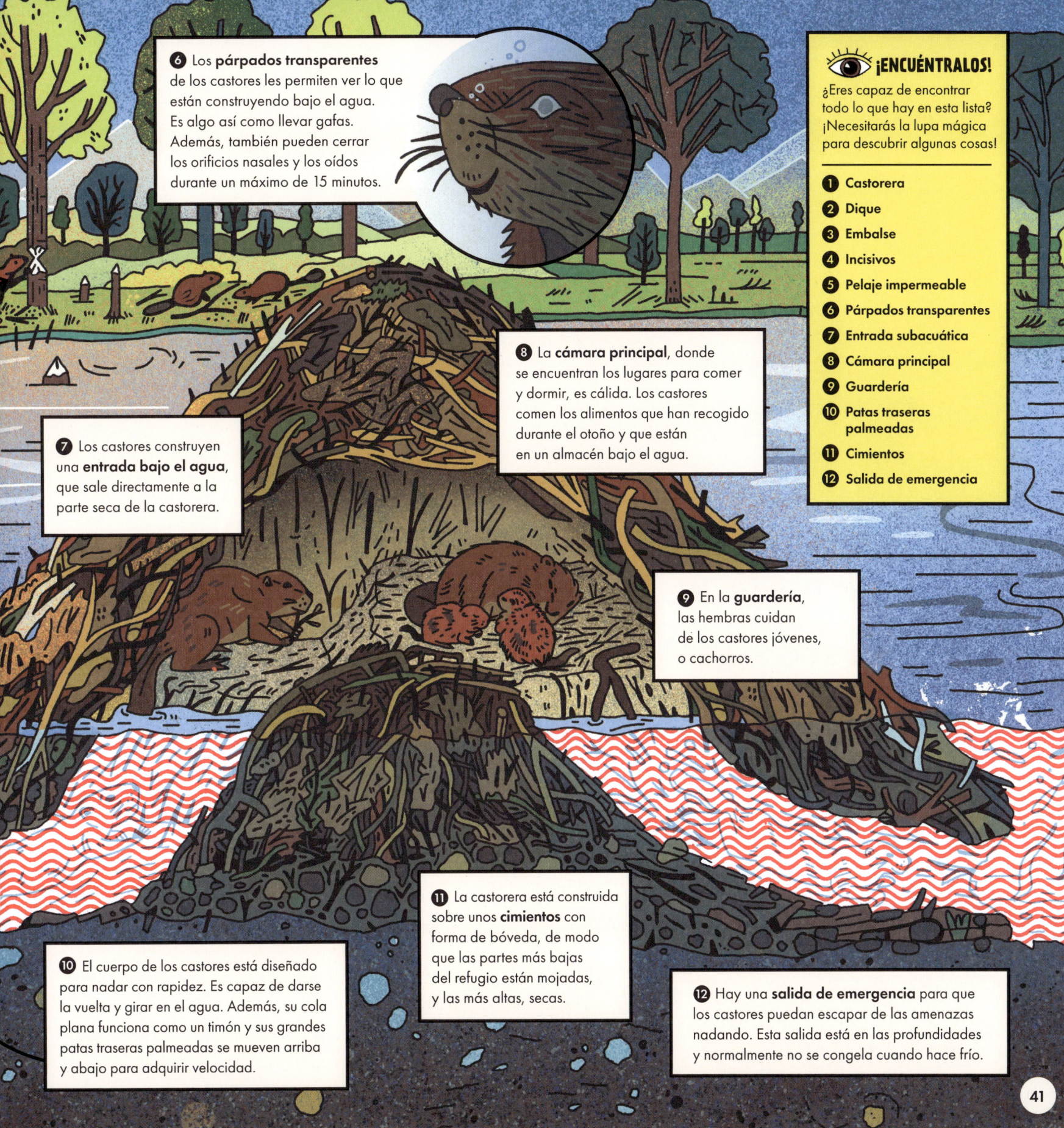

**6** Los **párpados transparentes** de los castores les permiten ver lo que están construyendo bajo el agua. Es algo así como llevar gafas. Además, también pueden cerrar los orificios nasales y los oídos durante un máximo de 15 minutos.

**8** La **cámara principal**, donde se encuentran los lugares para comer y dormir, es cálida. Los castores comen los alimentos que han recogido durante el otoño y que están en un almacén bajo el agua.

**7** Los castores construyen una **entrada bajo el agua**, que sale directamente a la parte seca de la castorera.

**9** En la **guardería**, las hembras cuidan de los castores jóvenes, o cachorros.

**11** La castorera está construida sobre unos **cimientos** con forma de bóveda, de modo que las partes más bajas del refugio están mojadas, y las más altas, secas.

**10** El cuerpo de los castores está diseñado para nadar con rapidez. Es capaz de darse la vuelta y girar en el agua. Además, su cola plana funciona como un timón y sus grandes patas traseras palmeadas se mueven arriba y abajo para adquirir velocidad.

**12** Hay una **salida de emergencia** para que los castores puedan escapar de las amenazas nadando. Esta salida está en las profundidades y normalmente no se congela cuando hace frío.

# HOGARES SUBACUÁTICOS

**¿Cómo construyen los animales sus refugios bajo el agua?**

Por todo el planeta, distintas clases de animales construyen sus hogares en todo tipo de lugares acuáticos: desde un mar tropical hasta el estanque de un jardín.

La mayoría de los animales que necesitan estar en el agua pasan el día tratando de evitar que los depredadores se los coman. Es por eso que algunos animales construyen refugios con materiales fáciles de encontrar, como guijarros, conchas y arena. Otros tienen maneras particulares de mantenerse a salvo y cuidar de sus pequeños.

**¿Qué tipo de cangrejo se muda al interior de una vieja concha?**

El cangrejo ermitaño corretea a través del lecho marino tropical, con una casa lista para llevar sobre su blando lomo: una resistente concha. Pero esta concha no siempre le perteneció: la encontró después de que otro animal la abandonara y se acomodó en su interior. Cuando crezca y la concha se quede pequeña, buscará una más grande para mudarse a ella.

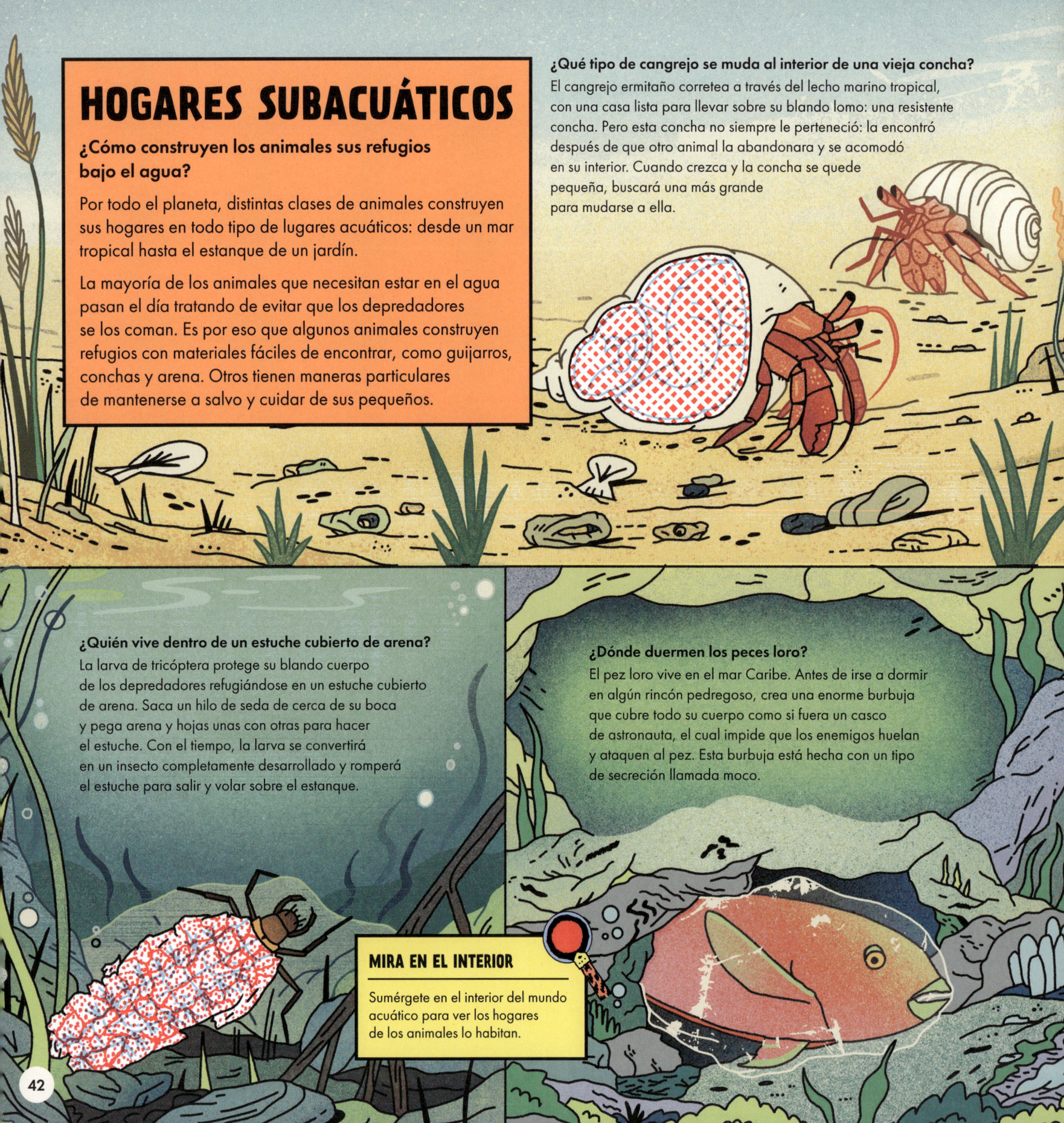

**¿Quién vive dentro de un estuche cubierto de arena?**

La larva de tricóptera protege su blando cuerpo de los depredadores refugiándose en un estuche cubierto de arena. Saca un hilo de seda de cerca de su boca y pega arena y hojas unas con otras para hacer el estuche. Con el tiempo, la larva se convertirá en un insecto completamente desarrollado y romperá el estuche para salir y volar sobre el estanque.

**¿Dónde duermen los peces loro?**

El pez loro vive en el mar Caribe. Antes de irse a dormir en algún rincón pedregoso, crea una enorme burbuja que cubre todo su cuerpo como si fuera un casco de astronauta, el cual impide que los enemigos huelan y ataquen al pez. Esta burbuja está hecha con un tipo de secreción llamada moco.

## MIRA EN EL INTERIOR

Sumérgete en el interior del mundo acuático para ver los hogares de los animales lo habitan.

¡Una rana goliat es tan grande como un gato doméstico!

## ¿Cómo construye su nido la rana más grande del mundo?

En la orilla de un río en África occidental, un macho de rana goliat construye una piscina para mantener a salvo los huevos de la hembra. Primero busca un hoyo y luego lo limpia de hojas y rocas. Después construye un muro de piedra en las aguas someras, rodeándolo por completo.

## ¿Cómo hace una madre nutria para mantener a salvo a su cría?

Las nutrias marinas tienen sus refugios en los bosques de algas pardas, en la costa del Pacífico. Dichas algas, al estar en aguas muy claras y recibir la luz del sol, crecen frondosamente hacia la superficie. Es por eso que la madre, antes de salir a cazar erizos de mar, ata a la cría con una hoja de alga para que no se aleje flotando.

## ¿Quién construye una casa inflable?

En un estanque, la araña de agua se lanza para construir una red bajo el agua. Sale a la superficie y atrapa burbujas con los finos vellos de su cuerpo. Después, se sumerge de nuevo y empuja las burbujas al interior de la red, para hacer un refugio donde pueda respirar. Aproximadamente una vez al día, la araña emerge para recolectar más burbujas y renovar el aire.

## ¿Qué pez hace un nido de burbujas?

Nido de burbujas

El macho de pez luchador siamés nada hacia la superficie para tomar grandes bocanadas de aire y después sopla ruidosamente para hacer burbujas. Adhiere las burbujas con saliva y, cuando la hembra pone los huevos, el macho los coge en la boca con cuidado y los escupe dentro del nido de burbujas. A salvo en el interior, los huevos eclosionarán y crecerán hasta convertirse en crías de pez, o alevines.

Una ardilla recolecta bellotas para esconderlas en un nido, llamado despensa.

El cárabo común anida protegido dentro del tronco.

Bajo las raíces, los tejones cavan un refugio en el suelo, llamado tejonera.

Las hormigas carpinteras comen la madera mojada en descomposición.

En la corteza rugosa viven escurridizos insectos.

# UNA CASA EN EL ROBLE

Más de dos mil tipos distintos de seres vivos se refugian en un frondoso roble, donde construyen nidos, cuidan de sus pequeños y se alimentan. Algunos animales son carnívoros, mientras que otros se comen las hojas del árbol, su corteza o sus bellotas.

Este maravilloso ecosistema, donde conviven plantas y animales, depende del suelo y del clima, que puede ser lluvioso o soleado.

# GLOSARIO

# FUENTES DE REFERENCIA

## LIBROS

*El castor constructor y otros animales arquitectos*
**Blasco, Julio Antonio, y Nassar, Daniel**
(Promopress, 2014)

*Así viven los animales*
**Bone, Emily, y Lechuga, Maribel**
(Usborne Publishing, 2019)

*Hogares de animales*
**Hewitt, Sally**
(Two-Can Publishing Ltd, 2004)

*Zoología. El quién, qué y porqué de la ciencia
que estudia el reino animal*
**Howard, Jules y Letherland, Lucy**
(Editorial Contrapunto, 2024)

*Dónde viven los animales*
**Taylor, Barbara**
(Macmillan Heinemann 2010)

*Casas de animales*
**Wilkes, Angela**
(Edilupa Ediciones, 2007)

## PÁGINAS WEB

Sociedad Española de Ornitología
**seo.org**

Museo Nacional de Ciencias Naturales
**mncn.csic.es/es**

Audubon en castellano
**audubon.org/es**

Web oficial de Juan Varela
**juanvarela.com**

Fundación Biodiversidad
**fundación-biodiversidad.es**

Fundación Mona
**fundacionmona.org**

Red de Parques Nacionales de España
**www.e-sm.net/parques_nacionales**

World Wild Life España
**www.wwf.es**

National Geographic España
**www.nationalgeographic.com.es**
**nationalgeographic.com.es/animales/osos**